浙江旅游职业学院"双高计划"
建设成果（2019—2023）系列丛书

数字文旅时代
导游人才培养
"浙旅模式"

周国忠 ◎ 主编

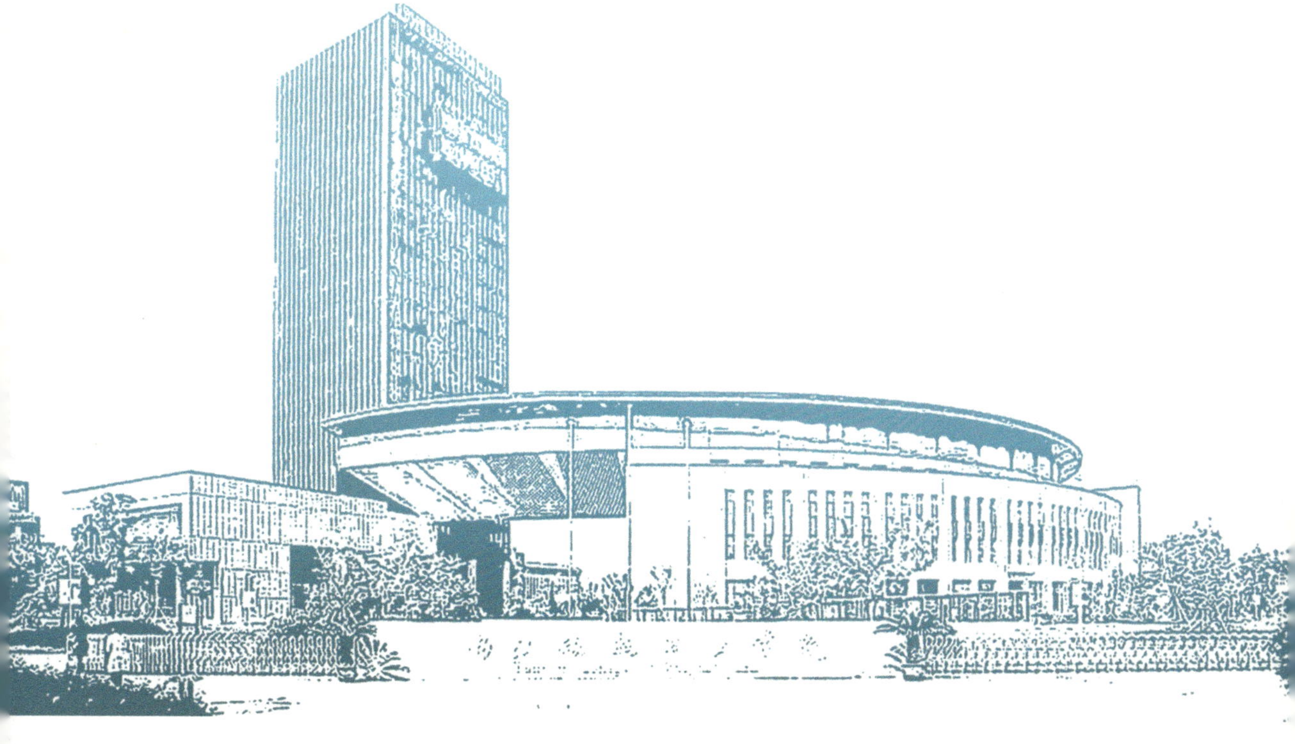

北京·旅游教育出版社

《浙江旅游职业学院"双高计划"建设成果（2019—2023）系列丛书》编委会

主　任：韦国潭　杜兰晓

副主任：周国忠　王忠林　陆　文　王　方　韩永良
　　　　姚哲峰　严一平

《数字文旅时代导游人才培养"浙旅模式"》
编撰组

主　编：周国忠

副主编：韦小良　范　平

撰稿人：（按姓氏笔画排序）

　　　　韦小良　刘　晖　齐晨辰　陈萍萍　范　平
　　　　周国忠　饶华清　徐慧慧　黄宝辉　詹兆宗

总序

在全面建设社会主义现代化强国的新征程上，党和国家把职业教育摆在经济社会发展和教育改革创新更加突出的位置。尤其是党的十八大以来，习近平总书记多次就发展职业教育作出重要指示，要求"必须高度重视、加快发展"，强调"职业教育前途广阔、大有可为"。

2019年3月，教育部、财政部联合发布《关于实施中国特色高水平高职学校和专业建设计划的意见》（简称"双高计划"），提出"集中力量建设50所左右高水平高职学校和150个左右高水平专业群"的总体目标，打造一批中国特色高水平高职学校，形成一批有效支撑职业教育高质量发展的政策、制度、标准，引领新时代高等职业教育高质量发展。浙江旅游职业学院作为首批"双高计划"建设单位，坚持以习近平新时代中国特色社会主义思想为指导，紧密围绕国家战略、文化和旅游产业发展需求，依托省部共建机制，落实立德树人根本任务，深化产教融合，强化校地合作，推动治理变革，以"双高计划"十大改革发展任务为轴心，砥砺奋进、攻坚克难、创新发展，努力建成一所全国一流、国际知名、中国特色、世界水平的旅游高等职业院校。

经过近五年的实践探索，《浙江旅游职业学院"双高计划"建设成果（2019—2023）系列丛书》（以下简称《丛书》）正式出版面世。《丛书》旨在回顾总结学校"双高计划"五年建设的所思与所为、求新与求真、所感与所悟，分享新时代旅游高等职业教育高质量发展中的新模式、新样态和新路径，以期为中国乃至世界旅游高等职业教育高质量发展做些摸索、尝试和变革。《丛书》遵循"双高计划"建设要义，依照"学校—专业（群）—育人—反思"逻辑链，以"一个立德树人的育人使命、一系列教育教学关键改革、'校企合作、产教融合'二维办学模式，以及'党的领导、教育教学、学生成长、教师发展、产教融合、社会服务、国际化水平、治理现代化'八大实践场景"构成的"1128"体系为叙事线索,将学校在"双高计划"建设成果分类为《中国特色高水平高职学校建设"浙旅实践"》(简称《浙旅实践》)、《数字文旅时代导游人才培养"浙旅模式"》(简称《浙旅模式》)、《高等职业学校全员全过程全方位育人"浙旅探索"》(简称《浙旅探索》)及《新时代旅游高等职业教育改革"浙旅思考"》(简称《浙旅思考》)四大系列。

《丛书》编撰以"双高计划"建设总体目标为统领,各有侧重。《浙旅实践》主要反映学校在党的领导、教育教学、学生成长、教师发展、产教融合、社会服务、国际化水平、治理现代化方面的顶层设计,是学校践行"双高计划"十大改革发展任务的院校实践;《浙旅模式》主要以专业群建设为切入点,以"解剖麻雀"的视角深入阐释数字文旅时代背景下导游专业群人才培养定位、课程体系重构、实践教学模式改革、教学资源开发、教学方法改革、课程思政建设、师资队伍建设、国际化导游人才培养等方面的模式创新,也是学校"双高计划"建设的关键突破点;《浙旅探索》从"课程育人、科研育人、实践育人、文化育人、网络育人、心理育人、管理育人、服务育人、资助育人和组织育人"十大育人体系彰显学校全员全过程全方位为文化和旅游产业培养高素质技术技能人才、能工巧匠、大国工匠的改革探索;《浙旅思考》围绕人才培养、科学研究、社会服务、文化传承创新、国际交流合作五大办学职能,从院校治理、专业建设、课程建设、产教融合、师资队伍、职教国际化、"双创"教育七个主要维度进行旅游职业教育发展的深度思考,不仅是对学校未来高质量发展的现实反思,更是回应旅游职业教育战线的前沿关切。

四本书内容各有侧重但又融为一体,力图全方位展示浙江旅游职业学院"双高计划"建设以来的办学成效与发展历程,以此凝聚全校师生办好旅游高等职业教育的磅礴力量,激发广大师生与学校发展同频共振的不竭动力。《丛书》在编撰过程中得到了学校党政领导的悉心指导和各二级单位的大力支持,诸位撰稿人员亦尽全力撰写,力求全面、真实、系统地展现学校"双高计划"建设成效。然而,由于编撰者的水平有限,《丛书》难免存在不足之处,在此敬请大家不吝指正。

抚阅过往,我们心潮澎湃;展望未来,我们激情满怀。面对新时代高等职业教育大发展的大好形势,我们将以习近平新时代中国特色社会主义思想为指引,始终牢记为党育人、为国育才的使命担当,将学校全力打造成为旅游职业教育"中国品牌"和"中国服务"人才培养的摇篮,成为"一带一路"沿线国家旅游职业教育的领跑者,成为新时代立德树人的示范校、服务文旅深度融合发展的智囊团和中国旅游职业教育的引领者，在新征程上以奋进之笔书写浙江旅游职业学院更加绚丽的华章，为争创社会主义现代化先行省、高质量发展建设共同富裕示范区、实现中华民族伟大复兴的中国梦贡献力量！

韦国潭　杜兰晓

2023 年 8 月 8 日

习近平总书记在党的二十大报告中首次阐发了"统筹职业教育、高等教育、继续教育协同创新，推进职普融通、产教融合、科教融汇，优化职业教育类型定位"的系统观和整体观，首次明确将"大国工匠"和"高技能人才"纳入国家战略人才行列。习近平总书记关于教育的新论述充分体现了党中央对教育推进中国式现代化寄予殷切期待，充分凸显了教育的基础性、先导性、全局性地位和作用。

事业要发展，教育是基础，人才是关键。旅游业作为幸福产业、朝阳产业、绿色产业，越来越成为人民群众美好生活的重要体现和地方经济发展的重要支撑。作为旅游接待服务的关键纽带和文化传播的重要使者，导游队伍越来越成为一个地方甚至一个国家旅游产业全域化、品质化、国际化、智慧化的集中体现和重要窗口。在数字技术迭代变革、文化旅游深度融合的新时代下，导游人才培养的模式、结构也亟须升级，一方面，随着旅游产业链进一步延伸、产业边界加快拓展、旅游业态迭代更新，旅游市场对导游人才的能力要求发生了根本性的变化。另一方面，传统的导游人才培养路径过于单一，片面追求传统技能的培养，忽略了职业素养、职业道德、工匠精神的系统性、全面性教育，造成导游人才队伍的结构性错位，导致供需不匹配。

开化县是地处浙江西部的一个小县城，2023 年初，该县"百万年薪聘导游"登上微博热搜，话题阅读数达到 1.5 亿人次，引发持续关注，成功"出圈"。据了解，百万年薪的构成是：40 万元定薪、30 万元考核奖金、30 万元食宿及营销成本开支。从公布的工作职责看，主要包括在开化设立金牌导游工作室，完成相关政务接待及文化和旅游推广任务；为开化编撰景区（景点）导游词、设计完善县域精品旅游线路；为开化景区（景点、红色场馆）培训一批优秀导游；策划 3 场以上有影响力的文化和旅游引流活动；在本人自媒体开设开化旅游宣传专栏。由此可见，这不是在招聘普通的导游。这次招聘的导游，除能带好旅游团、讲解好故事外，对是否具备"组团"（成立工作室）的能力、是否具备旅游目的地推介的能力、是否具备旅游产品设计与组织的能力、是否具备讲解词创新的能力、是否具备运用新媒体的能力等也作了要求。

开化县作为浙江省内经济发展水平相对较低的县，敢于开出百万年薪聘导游，除可以作为一个成功的营销案例外，给现代导游人才培养带来的启示与借鉴，更值得我们关注和思考。在为更好地满足人民群众日益增长的美好生活追求的新时代背景下，随着文化与旅游的深度融合，以及数字技术在文化旅游场景中的广泛应用，大众的出游需求、旅行业态、导游职能都发生了巨大的变革。随着疫情过后旅游市场的迅速回暖复苏，"一导难求"成为旅行社的普遍困境。但笔者在走访中发现，大多数旅行社并未因为急于用人而降低招聘门槛，大家更青睐招聘综合能力强、一专多能的人才。旅行社负责人普遍希望招聘的导游不仅能带团出游，还需兼备计调、线路设计、产品定制、全程管家服务、新媒体营销等能力，即要求导游最好能完成旅行社的大部分服务业务，自主管理一个岗位群。可见，现代导游的服务内容从主要提供单一环节的向导讲解与接待服务向旅游过程一站式综合服务转变，服务方式从以面对面为主向面对面服务与云平台及智能终端服务并存转变，伴随着这种转变，导游的身份已经悄然从向导式服务人员向旅游顾问、旅行管家、旅游经理人的角色转换，从只管"一站"的单一角色转变成独当一面的"多面手"。这显然已经远远超越了常规意义中导游的界定，而是要求成为一名专家型、复合型、跨界型的导游人才，综合素质和能力必将成为现代导游人才培养的题中应有之义。

以服务为宗旨，以就业为导向是职业教育的本质特征。新修订的《中华人民共和国职业教育法》及《关于推动现代职业教育高质量发展的意见》《关于深化现代职业教育体系建设改革的意见》等文件都明确了职业教育的类型定位和宗旨目标。在新版《职业教育专业目录（2021年）》的修订中，高职专科导游专业的名称虽然没变，但其内涵已发生重大的变化。这种变化源自导游行业、旅游产业发展的新趋势、新要求，职业教育学校理应积极响应。人力资源和社会保障部发布的2021年版《国家职业资格目录》虽然再次"瘦身"，但导游资格依然跻身其中，这表明国家对导游人才培养的质量标准依然没有放松，导游人才的素质能力对旅游业发展的影响仍十分突出。

浙江旅游职业学院作为全国最早设置导游专业的院校之一，充分发挥文化和旅游部与浙江省人民政府省部共建机制的优势，因势而变、因时而新，不断做大做强导游专业，使其成为国家骨干重点建设专业和全国职业院校旅游类示范专业，2019年，导游专业群还入选国家"双高计划"专业群建设项目。近年来，学校在导游专业人才培养实践中，致力于复合型现代导游人才培养目标，紧跟行业发展步伐，创新性地构建了"技能迭代、跨界融通：复合型导游人才培养模式"。如今，学校导游专业每年招生规模稳定在600人左右，在全国同类院校中招生规模最大，生源辐射全国十五六个省，学校导游专业在全国旅游高职高专院校中核心专业竞争力始终排名第一。随着全国高职院校迈入"双高建设时代"，学校在紧密对接产业发展新需求和行业新动态中，在导游专业先期探索打破传统导游专业边界，探索跨专业、跨行业、跨产业的产教深度融合的研学型、管家型、智慧型导游人才培养。2013年，学校与景区开发与管理专业合作共建国家AAAA级旅游景区——浙旅院国际教育旅游示范区；2017年，与嘉兴乌镇管委会合作开设"乌镇旅游现代学徒制班"；2018年，偕同电子商务专业与多家互联网＋旅游企业组建智慧旅游学院；2019年，又在国内高职院校中率先申请开设研学旅行管理与服务专业，进一步拓展导游人才培养的专业内涵和职业空间。学校牵头制定了"智慧景区开发与管理""智慧旅游技术应用"专业国家教学标准，参与研制了"旅游管理（高职本科）""旅游规划与设计（高职本科）""定制旅行管理与服务""研学旅行管理与服务""导游服务（中职）"等专业的国家教学标准，并受浙江省教育厅委托，牵头完成了"浙江省导游专业中高职一体化课程建设改革与实践"课题研究。

浙江旅游职业学院导游专业群在建设中以"技能迭代、跨界融通"人才培养模式改革为引领，牵头校政行企成立全国导游专业群开放式职教联盟，牵头制定多个专业国家教学标准，完成职业本科人才培养方案调研、中高职一体化导游长学制培养体系设计、人才质量评价标准研制、现代学徒制实验班、校企合作订单班等项目，实现人才培养模式多方协同创新与共建共享。以"四维融通"的课程体系化建设为抓手，重构"通识课＋平台课＋模块课＋拓展课"课程体系，成功申报5个"X证书"试点培训考试基地，培育课程思政示范课程及人文素养通识课程，以专业群开放共享教学资源库和智慧景区开发与管理专业国家级教学资源库双核驱动，发挥集群优势和信息技术优势推进教学资源建设。以数字化改革为牵引，以生产性工作任务为导向，创建国家示范性虚拟仿真实训基地，成立阿里巴巴新旅游人才孵化基地和麦扑、蜗牛等产业学院，依托产教融合联盟和产学合作协同育人项目，共建实践课程体系。依托中俄、中塞旅游学院两个境外办学机构，通过管理人员外派及师资输出、双语课程标准制定、导游服务国际培训、讲座研讨等形式，促进中外旅游职业教育交流，组织和辅导境外学生参加比赛及培训，提升专业群国际化发展水平和影响力。

为更好地总结学校导游人才培养的办学模式，分享现代导游人才的育人经验，共同探讨更好地满足现代旅游业发展需要的导游人才培养路径，浙江旅游职业学院以国家"双高计划"专业群——导游专业群的实践和探索为例，对导游人才培养的定位、课程体系、实践教学模式、教学资源开发、教学方法改革、课程思政建设、师资队伍建设、国际化导游人才培养等进行了较为系统的梳理和提炼，编写出《数字文旅时代导游人才培养"浙旅模式"》，希望能给国内高素质导游人才培养和专业建设提供一定的借鉴和参考。

本书由周国忠、韦小良、范平、饶华清、陈萍萍、詹兆宗、刘晖、徐慧慧、黄宝辉、齐晨辰等共同编撰，在编撰过程中得到了许多专家学者的指导和帮助，在此表示诚挚的谢意。由于每所学校在导游人才培养方面都有自己的办学实际和专业建设特色、优势，在此，也希望大家能不吝指教，相互交流、一起成长，更好地服务"旅游强国"建设。

周国忠
2023 年 5 月

目录

CONTENTS

第一章　数字文旅时代导游人才培养的新使命 / 001
第一节　数字文旅产业发展的新时代 / 002
第二节　旅游职业教育发展的新趋势 / 005
第三节　现代导游人才培养的新任务 / 008

第二章　"互联网＋现代导游"人才培养的"浙旅模式" / 015
第一节　导游职业新定义 / 017
第二节　导游人才创新培养 / 022
第三节　导游人才培养的"浙旅模式" / 026

第三章　"产教共融、螺旋递进"课程体系构建 / 033
第一节　理念与思路：从单一技能型向复合技能型导游人才培养目标的嬗变 / 035
第二节　做法与特色：课程体系的重构 / 036
第三节　成效与推广：学生知识结构与专业技能的同升级 / 048

第四章　"虚实结合、多岗递进"实践教学体系创建 / 051
第一节　理念与思路：创建"综合素质和职业技能"双提升的实践教学体系 / 052

CONTENTS

第二节 做法与特色："虚实结合＋产教融合"，创新提升学生岗位实践能力的孵化平台 / 055

第三节 成效与推广：工学结合、知行合一，构筑中国智慧的高水平实践教学体系 / 066

第五章 "数字赋能、迭代提升"教学资源开发 / 071

第一节 理念与思路：构筑"互联网＋"时代教学资源共建共享新模式 / 072

第二节 做法与特色："平台创新＋生态闭环"，搭建"开放融合"的数字教学资源供给体系 / 074

第三节 成效与推广：生师互动、教学相长，助推人才培养高质量发展 / 083

第六章 "赛教相融、课证相通"教学方法改革 / 087

第一节 理念与思路：专业课程内容与岗位技能体系共生共长 / 088

第二节 做法与特色：岗课赛证融通、教学做练一体、德能情智并进 / 091

第三节 成效与推广：技能适配推动"产赛教"三方联动 / 098

第七章 "讲好中国故事、传播中国声音"课程思政建设 / 103

第一节 理念与思路："人文铸旅、以魂育人"，培育中华优秀传统文化的传承者与传播者 / 104

第二节 做法与特色：根植文化自信，推进课程思政多元创新建设 / 106

第三节　成效与推广：树立旅游大类课程思政标杆 / 110

第八章　"双师双能、名师名导"师资队伍打造 / 115
第一节　理念与思路：探索与实践"双师双能、名师名导"师资培养模式 / 117
第二节　做法与特色：构建全过程、多维度、多类型教师职业发展路径 / 120
第三节　成效与推广：构建注重个体、强调团队的师资队伍建设体系 / 127

第九章　"示范引领、标准输出"国际化导游人才培养 / 135
第一节　理念与思路："引进＋输出"，形成国际化人才培养思路 / 136
第二节　做法与特色："语言＋导游"，构建国际化人才培养模式 / 139
第三节　成效与推广："模式＋文化"，扩大国际化人才培养影响 / 148

附录　浙江旅游职业学院导游专业群标志性成果一览表（2019—2023年）/ 153
参考文献 / 158

第一章

数字文旅时代导游人才培养的新使命

第一节　数字文旅产业发展的新时代

一、数字化推动我国旅游业转型升级

2009年12月，国务院出台《关于加快发展旅游业的意见》（以下简称《意见》），在国家实施扩内需、保增长、调结构、重民生、增就业、激活力、促和谐发展战略的背景下，对旅游业提出了全新的定位，首次明确提出"把旅游业培育成国民经济的战略性支柱产业和人民群众更加满意的现代服务业"，开启了经济新常态下我国旅游业发展的新时代，旅游业发展进入重要的战略机遇期。《意见》指出要"转变发展方式，提升发展质量""以信息化为主要途径，提高旅游服务效率"，开始了以数字信息技术为抓手推动旅游业向现代服务业的转变。

2010年，智慧旅游酒店和智慧旅游景区兴起。杭州黄龙饭店成为全球首家智慧酒店，四川省九寨沟风景区首先提出"智慧景区"概念。同年，江苏省镇江市率先引入"智慧旅游"发展理念，并于2011年成立国家智慧旅游服务中心，成为全国首个智慧旅游建设的示范省、市。

2015年，国家旅游局出台《关于促进智慧旅游发展的指导意见》，指出要夯实智慧旅游发展信息化基础、建立完善旅游信息基础数据平台、建立游客信息服务体系、建立智慧旅游管理体系、构建智慧旅游营销体系和推动智慧旅游产业发展，提出"到2020年，我国智慧旅游服务能力明显提升，智慧管理能力持续增强，大数据挖掘和智慧营销能力明显提高，移动电子商务、旅游大数据系统分析、人工智能技术等在旅游业应用更加广泛，培育若干实力雄厚的以智慧旅游为主营业务的企业，形成系统化的智慧旅游价值链网络"。2018年，"智慧旅游"被写入国务院政府工作报告，作为国家发展战略开启了智慧旅游建设的全新篇章。2018年3月出台的《国务院办公厅关于促进全域旅游发展的指导意见》提出要"推进服务智能化"。智能科技正加速在旅游业中的应用，成为推动我国旅游企业转型升级的关键力量。

在《"十四五"旅游业发展规划》中，更是提出我国旅游业要坚持创新驱动发展，加快推进以数字化、网络化、智能化为特征的智慧旅游，深化"互联网+旅游"，扩大新技术场景应用。一方面，要大力推进智慧旅游发展，实施国家智慧旅游建设工程，打造一批智慧旅游城市、旅游景区、度假区、旅游街区，培育一批智慧旅游创新企业和重点项目，开发数字化体验产品，发展沉浸式互动体验、虚拟展示、智慧导览等新型旅游服务，推进以"互联网+"为代表的旅游场景化建设；要通过互联网有效整合线上线下资源，鼓励旅行社、旅游饭店、民宿等与互联网服务平台合作建设网上旗舰店，提高旅游营销传播的针对性和有效性，促进旅游企业转型升级。另一方面，要加快新技术应用与技术创新，加快推动大数据、云计算、物联网、区块链及5G、北斗系统、虚拟现实、增强现实等新技术在旅游领域的应用普及，鼓励开发面向游客的具备智能推荐、智能决策、智能支付等综合功能的旅游平台和系统工具，以科技创新提升旅游业发展水平。

在《"十四五"文化和旅游发展规划》中，智慧旅游成为热词。该规划一方面把深入推进大众旅游、智慧旅游和"旅游+""+旅游"作为完善现代旅游业体系的重要举措；另一方面，以提升便利度和改善服务体验为导向推动智慧旅游公共服务模式创新，以培育云旅游、云直播为抓手大力发展线上数字化体验产品，以智能、互动、体验、定制为核心打造沉浸式旅游体验新场景，不断提升文化和旅游发展的科技支撑水平。

以数字化、智慧化为代表的新一代信息技术正成为我国从旅游大国到旅游强国、实现跨越式发展的重要引擎。

二、文旅融合加速旅游高质量发展

2018年3月17日，十三届全国人大一次会议通过了关于国务院机构改革方案的决定，其中明确提出"将文化部、国家旅游局的职责整合，组建文化和旅游部"。2018年4月8日，文化和旅游部正式挂牌，政治经济体制改革开启了文化和旅游深度融合的序幕，随着文化和旅游领域供给侧结构性改革持续推进，新时代文化和旅游融合发展道路将越走越宽广。

文旅融合包含了文化、旅游和融合三个概念。在《现代汉语词典》中，对"融合"的释义是几种不同的事物合成一体；对"文化"的释义是人类在历史发展过程中"创造的物质财富和精神财富的总和，特指精神财富，如文学、艺术、教育、科学等"；"旅游"则指"旅行游览"。融合的实质是不同事物"合成一体"，融合之后，原先参与合成的事物便不复原状，而被新事物取代。文旅融合，不但改变了文化和旅游的原生态，更催生出新业态、新市场、新经济、新模式、新场景和新服务。

首先，文化和旅游融合是文化和旅游在管理、服务、产业和社会事业发展等领域深度和广度同时发力的大融合，交织着文化和旅游的理念融合、职能融合、产业融合、市场融合与服务融合。文化和旅游的深度融合将极大地促进文化与旅游的资源共享、优势互补、协同并进，为文化建设和旅游发展提供新引擎、新动力，加速旅游的高质量发展。

其次，文化和旅游融合是文化和旅游在管理、服务、产业和社会事业发展等领域进一步实现一体化的过程。党的十九大以后，社会管理体制的调整与改革、整合与重构加速，行政管理职能的重新分配和社会资源的重新配置使社会治理绩效提高到一个新的水平。在文化和旅游的融合过程中，人文资源是旅游发展的必要基础，更是旅游产品的精髓和旅游服务的灵魂。旅游集物质消费与精神享受于一体，旅游业发展与社会文明进步相互促进、相得益彰，旅游经济的健康稳定发展离不开文化事业发展和精神文明建设的支撑与引领。因此，文化和旅游的一体化融合，既是文化和旅游自身进一步发展的内在需求，也是我国经济社会高质量发展的必然要求。

再次，文化和旅游融合是文化和旅游彼此相辅相成的共同发展，这种融合在给文化"加码"，同时，更为旅游"赋能"。在文化和旅游的融合中，旅游是文化的载体，文化是旅游的灵魂，可以达到以文促旅、以旅彰文的效果。文化和旅游的深度融合，在扩大文化交流范围和深度的同时，也扩大了旅游资源的广度和吸引力，进一步提升了旅游的文化地位、政治地位和社会地位，特别是中华优秀传统文化、民俗文化、红色文化以及现代科技文化等作为优质旅游资源，融入旅游经济发展，可为旅游业打造出更多体现传统文化精髓、现代文化内涵、更具人文气韵的特色旅游精品，从而丰富旅游活动的精神内涵，提升旅游产品的文化品位，增强旅游服务的文化教育功能，让新时代的旅游产品更具市场吸引力、文化感染力和国际影响力。

最后，文化和旅游融合还是文化和旅游共创新价值、新业态、新模式和新经济增长点的创新发展过程。文化和旅游通过深度融合实现价值、产业、市场、技术和服务等的共创，极大地促进了文化和旅游的创新发展，共同促进文化进步和旅游发展的新方法、新技术、新模式，使文化事业和旅游事业、文化产业和旅游产业更好地服务广大人民群众美好生活新需要。

党的二十大报告明确提出，要坚持以文塑旅、以旅彰文，推进文化和旅游的深度融合发展。未来，我国必将在更广范围、更深层次、更高水平上推动文化和旅游的深度融合，激发新动能、催生新业态、凝成新优势，我国旅游业已迈进高质量发展的新时期。

第二节　旅游职业教育发展的新趋势

一、我国职业教育迎来"黄金时代"

改革开放后，国家通过各种激励措施，加快了职业教育的规模发展，使我国职业教育事业取得了举世瞩目的成就。但相应的经费投入仍显不足，师资队伍建设相对滞后，尤其在人才评价、教育评价、用人制度等社会环境条件中，尚存在不利于技术技能型人才成长和发展的习惯性流弊，影响职业教育质量和职业教育社会地位的提高，职业教育环境亟待进一步完善。2014年6月，国务院召开全国职业教育工作会议，并印发《关于加快发展现代职业教育的决定》，明确提出"形成适应发展需求、产教深度融合、中职高职衔接、职业教育与普通教育相互沟通，体现终身教育理念，具有中国特色、世界水平的现代职业教育体系"。

近年来，国家不断出台促进和推动职教教育发展的政策举措，释放政策红利，我国职业教育迎来了快速发展的"黄金时代"。2019年1月，国务院发布《国家职业教育改革实施方案》（简称"职教20条"），把奋力办好新时代职业教育的决策部署细化为若干具体行动，提出了7个方面20项政策举措，把职业教育与普通教育视作两种不同类型的教育，将职业教育与普通教育列在同等重要地位；指出坚持以习近平新时代中国特色社会主义思想为指导，把职业教育摆在教育改革创新和经济社会发展中更加突出的位置；要求职业教育牢固树立新发展理念，服务建设现代化经济体系和实现更高质量更充分就业需要，对接科技发展趋势和市场需求，完善职业教育和培训体系，优化学校、专业布局，深化办学体制改革和育人机制改革，以促进就业和适应产业发展需求为导向，鼓励和支持社会各界特别是企业积极支持职业教育，由追求规模扩张向提高质量转变，由普通教育办学模式向专业特色鲜明的类型教育转变，大幅提升新时代职业教育现代化水平，为促进经济社会发展和提高国家竞争力提供优质人才资源。

2021年10月，中共中央办公厅、国务院办公厅印发了《关于推动现代职业教育高质量发展的意见》（以下简称《职教高质量发展意见》），要求到 2025 年，职业教育类型特色更加鲜明，现代职业教育体系基本建成，技能型社会建设全面推进，办学格局更加优化，办学条件大幅改善，职业本科教育招生规模不低于高等职业教育招生规模的 10%，职业教育吸引力和培养质量显著提高；到 2035 年，职业教育整体水平进入世界前列，技能型社会基本建成，技术技能型人才的社会地位大幅提升，职业教育供给与经济社会发展需求高度匹配，在全面建设社会主义现代化国家中的作用显著增强；探索"中文+职业技能"的国际化发展模式，积极培育一批高水平国际化的职业学校，打造中国特色职业教育品牌。

统计数据显示，我国职业教育市场规模总体呈逐年增长态势，2019 年市场规模达 5760 亿元，2014—2019 年年均复合增速达到 11%。"十四五"期间，目标新增技能人才 4000 万人以上，技能人才占就业人员比例要达到 30%。我国职业教育在"职教 20 条""双高计划"及《职教高质量发展意见》《中华人民共和国职业教育法》修订等利好政策的推动下，已经迎来教育类型特色更加鲜明、办学条件大幅改善、现代职业教育体系更加完整、技术技能型人才社会地位大幅提升、职业教育供给与经济社会发展需求匹配度大幅增强的"黄金时代"。

2022 年 12 月，中共中央办公厅、国务院办公厅印发了《关于深化现代职业教育体系建设改革的意见》，把探索省域现代职业教育体系建设新模式、打造市域产教联合体和打造行业产教融合共同体作为职业教育发展的战略任务，将提升职业学校关键办学能力、加强"双师型"教师队伍建设、建设开放型区域产教融合实践中心、拓宽学生成长成才通道和创新国际交流与合作机制作为职业教育改革的重点工作，为我国职业教育的"黄金时代"增添了新的政策红利。

二、我国旅游职业教育进入发展新阶段

在我国职业教育高速发展大趋势下，旅游职业教育也进入了快速发展时期。截至 2021 年底，全国招收高职高专旅游类专业的院校达 1245 所，招生总规模 164 458 人，比上年增加 18 056 人；在校生总规模 464 728 人，比上年增加 25 898 人，其中现代学徒制人数 14 137；毕业生总规模 124 153 人，比上年增加 6145 人，其中持职业类证书有 43 564 人，持职业技能等级证书的有 16 415 人。开设旅游类专业的中职学校约为 2719 所，招生总规模 281 661 人，在校生总规模 799 422 人；毕业生总规模 228 095 人，

其中持职业类证书的有 120 745 人，持职业技能等级证书的有 57 980 人。

在规模增长的同时，旅游职业教育的质量也在不断提升。2019 年 4 月，《关于实施中国特色高水平高职学校和专业建设计划的意见》与《中国特色高水平高职学校和专业建设计划项目遴选管理办法（试行）》相继发布，教育部、财政部公布了《中国特色高水平高职学校和专业建设计划建设单位名单》第一轮建设单位名单。共有 5 所院校的旅游类专业入选，分别是：海南经贸职业技术学院旅游管理专业群入选高水平专业群建设单位（C 档），浙江旅游职业学院导游专业群入选高水平专业群建设单位（B 档），陕西职业技术学院旅游管理专业群入选高水平专业群建设单位（B 档），长沙商贸旅游职业技术学院餐饮管理专业群入选高水平专业群建设单位（C 档），青岛酒店管理职业技术学院酒店管理专业群入选高水平专业群建设单位（C 档）。

截至 2022 年底，旅游高职院校立项的国家职业教育专业教学资源库累计达到 5 个，其中，黑龙江旅游职业技术学院 2 个，江苏旅游职业学院、浙江旅游职业学院、三亚航空旅游职业学院各 1 个。

在《"十四五"旅游业发展规划》中，提出优化旅游相关专业设置，推动专业升级，完善旅游管理类专业教学质量标准，促进旅游职业教育高质量发展，推动数字化课程资源建设共享。在 2021 年教育部新公布的专业目录中，旅游大类共新增专业 5 个，其中，本科专业 2 个，专科专业 3 个；旅游大类共调整专业 11 个，其中，专科专业 9 个，更名 8 个，归属调整 2 个（1 个既更名又调整归属）；中等职业教育专业 2 个，其中，合并 1 起，更名 1 个。如果算上 2019 年增补的 2 个专业，则近 5 年旅游大类共新增专业 7 个，分别是本科的旅游规划与设计（2021）、烹饪与餐饮管理（2021），专科的研学旅行管理与服务（2019）、葡萄酒文化与营销（2019 增补"葡萄酒营销与服务"，2021 更名）、定制旅行管理与服务（2021）、民宿管理与运营（2021）和智慧旅游技术应用（2021）。

借助我国职业教育发展迎来"黄金时代"，我国旅游职业教育发展也进入了提质培优的新阶段。

第三节 现代导游人才培养的新任务

一、数字文旅时代的导游人才新需求

随着我国数字文旅时代的到来，旅游业发展日新月异，导游职业也发生着深刻的变化，导游人才培养必须充分认清旅游业加速迭代带来的导游需求的巨大变化，只有这样才能为旅游业高质量发展培养并输送大量符合时代需要的高素质导游人才。

（一）多元化的旅游新业态需要新式复合型导游人才

随着我国经济社会的快速发展，旅游正逐渐成为人们的一种常态化的生活方式，旅游者的旅游方式不再局限于传统的观光旅游，休闲度假旅游、乡村旅游、红色旅游、海滨旅游、冰雪旅游、非遗旅游、康养旅游、户外运动旅游、低空旅游、研学旅行等新型旅游蓬勃发展。相关研究表明，国内旅游市场在2012年时就已有超过95%的游客不再青睐传统的跟团游，旅游多元化、个性化、散客化时代已经来临。与此同时，旅游的体验需求也在逐步悄然发生变化，人们已经不再满足于走马观花的视觉感受，舌尖的味觉、指尖的触觉乃至心灵的知觉都已成为旅游者的追求。总之，旅游者的旅游消费行为和需求都已发生深刻而巨大的改变，当今的旅游者具有更张扬的个性、广博的见识、独立的思想和求索的欲望，不但要求旅游产品更具独特性、差异性、文化性、复合性和体验性，同时也要求旅游服务更具情感性、互动性、知识性与智慧性。

导游人员在带团时能够胜任多种角色才能与现代旅游者在旅行过程中需求的转变与提升相匹配。在多元化、个性化、散客化旅游时代，一名合格的现代导游员能够根据不同的团型、不同的时段，面对不同的兴趣与爱好旅游者，及时调整服务内容和方式，具备服务员、讲解员、翻译员、活动主持人乃至社会活动家等多种能力，同时也是游客的购物参谋员、活动策划者等。新时代新的需求变化，对导游人员的人文素养、专业知识、服务技能、心理素质、管理能力等能力素质都提出了更为严格的要求。

（二）旅游数字化快速发展呼唤智慧导游

近年来，数字化、网络化、智慧化是促进传统旅游业态升级、产品和服务方式创新的重要因素，推动着旅游业从资源驱动向创新驱动转变。全息展示、可穿戴设备、服务机器人、智能终端、无人机等新一代智能技术的综合应用，面向游客的具备智能推荐、智能决策、智能支付等综合功能的旅游平台和系统工具的开发与推广，大大增强了旅游产品的体验性和互动性，大大提高了旅游服务的便利度和及时性、精准性、安全性。根据文化和旅游部编制的《"十四五"旅游业发展规划》，到2025年，AAAA级以上的旅游景区都要基本完成智慧化转型升级，要建设智慧监测设施和大数据平台，普及电子地图、网上线路推荐、语音导览等智慧化服务；重要的博物馆、主题公园、旅游演艺剧场等都要打造沉浸式旅游体验新场景，促进在线、多渠道、分时段智慧营销，实现预约、限量、错峰旅游，全面提高管理效益和服务水平。

面对数字化、网络化、智慧化的旅游新时代，导游人员也必须熟练掌握常用旅游智能设备、智能平台、智能终端和智能软件，成为具备"旅游+""互联网+"综合知识与技能的复合型现代导游。

二、数字文旅时代的导游人才新要求

在旅游业中，导游是一个十分重要的职业和特殊的群体。党的十八大后，"放管服"（简政放权、放管结合、优化服务）改革日益深入，2014年8月，人社部印发《关于减少职业资格许可和认定有关问题的通知》，国家开始对职业资格证书进行大规模清理整顿。旅游业中仅导游职业仍保留职业资格证书，其余的已全部取消，足见导游对旅游业发展的重要性。

导游作为运用专门知识和技能为旅游者、游览者提供向导、讲解和旅途服务的专业技术人员，既要指导游客参观游览，进行讲解服务，用生动的语言将游览地的动人故事、文化精髓、文明成果传递给游客，使游客获得身心愉悦、精神享受和美的熏陶；还要为游客安排食、住、行、购、娱等活动，提供旅行服务。可以说导游是整个旅游活动的中心，是参观游览活动的导演，是"旅游的灵魂"。但是，导游群体在"不合理低价"的恶性竞争中，不仅自身合法权益得不到保障，而且其辱骂游客、强迫消费等损害游客利益的案件时有发生，社会影响较大。导游队伍的形象因此受损，成为旅游市场的顽疾。为破解导游执业难题，保障导游合法权益，维护旅游市场秩序，顺应大众旅游时代的市场需求，国家旅游行政主管部门认真贯彻落实中共中央、国务院"放管服"改革要求，积极、全面推进导游体制改革工作。2016年9月，国家旅游局废止了 2001 年颁布实施的《导游人员管理实施办法》，停止实施导游岗前培训考核、计分管理、年审管理和导游人员资格证 3 年有效等不符合上位法要求、不适应改革发展需要的相关事项与活动。同时，推动设计开发了集导游基本信息、执业信息、社会评价于一体的"电子导游证"，代替原 IC 卡导游证，建设"全国旅游监管服务平台"，规范导游执业证件和执业行为管理，方便导游信息变更、异地执业换证手续，细化导游执业管理规范，加强导游事中事后监管和执业保障激励。2017 年 10 月，《导游管理办法》发布，逐步形成"社会化、扁平化、实时化、常态化"的导游管理新体制。同时，为进一步加强导游队伍建设，文化和旅游部还实施了一系列具体举措，2015 年，发布《"万名旅游英才计划"实施方案》，2017 年开始启动"金牌导游"培养项目；2019 年，在《关于实施旅游服务质量提升计划的指导意见》中，将"提高导游和领队业务能力"作为提升旅游服务质量的七大主要任务之一；2021 年，出台了《加强导游队伍建设和管理工作行动方案（2021—2023 年）》，着力解决导游服务供需结构性矛盾；2022 年，文化和旅游部市场管理司印发了《2022 年导游专业素养研培要点》，进一步加强导游行业培训管理，规范培训内容，提升培训质量；2023 年 3 月，文化和旅游部联合中华全国总工会、共青团中央、全国妇联共同启动第五届全国导游大赛，以促进导游职业道德、专业能力和服务水平的不断提升，树立行业良好形象。

导游是我国旅游从业人员的重要组成部分，是旅游业中与各要素关联最多、与游客接触最密切的人员，导游为展示旅游形象、传播先进文化、促进中外交流、推动旅游业发展作出了积极的贡献。近年来，国家通过制度化、规范化、信息化、数字化、智能化，积极拓宽导游执业渠道、丰富导游执业方式、提升导游服务质量。我国正着力建设一支诚实守信、乐于奉献、积极向上、奋发有为、技术精进的导游队伍，营造游客、导游、市场共赢局面，使导游成为旅游市场秩序的坚定维护者，成为旅游业创新、创业的活跃分子，成为人民群众游得放心、舒心、开心的重要保障。"高素质""精技术""强服务"是国家对导游人员的核心要求。

三、现代导游人才培养的机遇与挑战

（一）现代导游人才培养的机遇

由于导游人员在旅游服务中有着与游客接触密切的特殊地位和与旅游要素关联性强的重要作用，在我国加快旅游高质量发展之际，导游专业人才培养也更加重要、更加迫切。

国务院发布的《"十四五"旅游业发展规划》提出，要促进旅游职业教育高质量发展，健全继续教育机制。推动数字化课程资源建设共享。健全适合红色旅游、乡村旅游等发展特征和需要的从业人员培训机制，加大旅游业领军人才、急需紧缺人才和新技术、新业态人才培养力度，打造一支与旅游业发展相适应的高素质人才队伍。规划专门指出，要切实加强导游队伍建设和管理，制订专项行动方案，实施导游专业素养研培计划和"金牌导游"培养项目。

在文化和旅游部《"十四五"文化和旅游发展规划》中，则将"导游服务质量提升"作为一项规划建设任务，除导游专业素养研培计划和"金牌导游"培养项目外，还提出要举办全国导游大赛，提升导游服务水平；建立导游星级服务评价体系，进一步开展导游执业的改革试点。

国家正在进行的导游体制改革和导游队伍建设专项行动方案都为现代导游人才建设创造了良好的政策环境与培养机遇。

（二）现代导游人才培养的挑战

导游是运用专门知识和技能为旅游者、游览者提供向导、讲解和旅途服务的专业技术人员，是旅游业中与各要素关联最多、与游客接触最密切的从业者。在导游人才的培养过程中，专业知识、服务技能、突发事件处置能力等都非常重要，对师资、仿真实训场景、生产性实习的要求也非常高。截至2021年底，全国中等职业教育有导游服务专业办学点101个，招生3668名，在校生10 851名；高等职业教育有专科导游专业办学点77个，招生3780名，在校生11 053名。在专业办学中还普遍存在以下问题。

（1）各层次专业人才培养规模与行业人才实际及需求匹配度低。从业人员调查数据显示，导游人才主要来自高职高专院校，学历为大专，占69%；其次为本科，占21%；中职毕业生仅占3%。多数企业表示未来三年对导游人才需求的学历要求主要为本科，占67.65%；其次为高职（大专），占30.39%。从目前办学情况看，中专和高职专科办学规模接近，高职本科还没有导游专业。

（2）专业点地域分布与企业地域分布匹配不均衡。导游专业地域分布与企业地域分布都呈东高、西低、中凹的态势，但是在匹配度上仍存在明显差异（图1-1）。东部是行业分布占比高于专业分布占比，两者相差18.19%；中部、西部则是专业分布占比高于行业分布占比，相差10%左右。即东部专业点数量相对不足，中西部专业点数量相对过多。

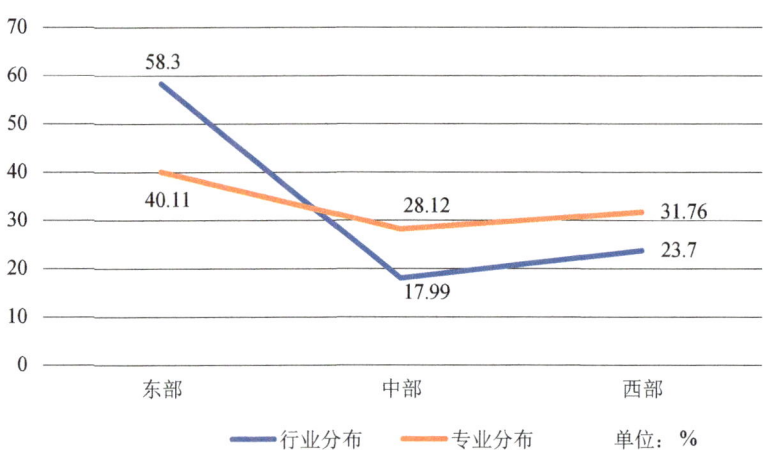

图1-1 职业院校导游专业地域分布占比与旅游服务企业地域分布占比对照

（资料来源：教育部专业点数据与文化和旅游部2020年度全国旅行社统计公报）

（3）专业人才培养目标不能充分匹配相关岗位人才要求。部分导游专业在确定人才培养目标时采用广撒网的策略，致使培养方向不明确，还有部分专业的人才培养目标仍停留在包团观光旅游的传统模式上，使人才培养跟不上现代旅游产生的岗位更新与技能迭代。其中问题最为突出的是旅游管理专业，既有面向酒店管理与服务的课程，也有面向旅行社经营管理的课程，还有面向导游服务的课程，有的甚至包含会展、研学等领域的课程，致使学生"样样懂、门门瘟"，职业定位模糊、发展目标不清晰。

（4）专业教学尚不能充分对接行业新技术、新模式。从现有大部分学校导游专业的课程体系看，大多还是面向传统企业、传统岗位，对接的还是传统业务、传统模式，真正能体现行业新技术、新模式的还非常缺乏。

从现有实践教学条件看，只有部分学校导游专业的校内实训基地新技术应用比较充分，能较好地满足导游沉浸式仿真场景的教学与实训需要，而大部分学校的实践教学与新技术的对接均比较薄弱，大多数难以支撑对岗位技能迭代后的新匹配。

（5）职业素质教育与岗位素质要求仍有一定差距。近年来，各职业院校在学生思想素质、人文素养、劳动观念等领域的教育上取得了明显进步。在各学校导游专业的人才培养方案中，职业素质作为重要指标也被列入了培养规格的要求中，但更多还停留在宏观政策层面，职业素养教育有效落地实施的还比较少。

从行业企业的调研中发现，导游岗位的职业素养并不空洞，有着丰富的内涵和具体的内容，既包括旅游从业人员应当具备的服务意识、安全意识和环境意识等，也包括信息素养、互联网思维、流量思维、创新意识和突发事件应急意识等。后者更能体现导游从业人员的职业素养特点，而这些素养更多的是在实践过程中形成的。由于导游专业的生产性实践教学相对薄弱，使得其缺乏职业素质教育的有效载体，学生难免存在职业素质短板，难以与岗位素质无缝对接。

（6）导游人才与旅游服务企业"用得上、干得好、靠得住、留得下"的期盼相去甚远。根据文化和旅游部市场管理司提供的数据，截至2018年11月底，我国获取导游资格证的人数超过126万，持有导游证的从业人数超过80万。而根据文化和旅游部发布的《2021年度全国旅行社统计调查报告》，截至2021年12月31日，全国旅行社总数为42 432家，全国旅行社从业人员278 772人，其中，签订劳动合同的导游人数为94 332人。也就是说，全国旅行社社均拥有导游仅2.22人，旅行社专职导游在旅行社从业人员中的占比为33.84%，而在持证从业导游人员中的占比为11.79%，在资格证获取人员中的占比则仅为7.46%。在全国旅行社统计调查报告中发布的旅行社导游人员中还有相当比例的持证管理人员、计调人员和销售人员等，去掉这部分持证人员，旅行社中实际从事导游职业的专职导游人员还将更少。这样的状况与旅游服务企业希望导游人才"用得上、干得好、靠得住、留得下"的期盼形成了极大的反差。导游职业要健康稳定发展，需要广大导游人员增强职业意识、服务意识和大局观念，不忘初心、爱岗敬业、忠于职守、乐于奉献。

（7）旅游服务企业的导游用人政策与导游人才的职业生涯定位存在较大错位。根据文化和旅游部发布的《2021年度全国旅行社统计调查报告》，旅行社社均导游不到3名，这也充分暴露出旅游服务企业的导游用人政策存在严重缺陷，与广大导游人才的职业生涯定位、合理权益保障存在难以忽视与调和的矛盾，严重影响了广大导游人员对导游职业的自豪感、幸福感、归属感和认同感。薪酬偏低、稳定性差和福利保障缺失是旅行社专职导游面临的普遍困境，也是出现导游人才"招不进、干不安、靠不住、留不下"局面，造成导游人才流失严重的不可忽视的重要原因。导游在带团过程中出现的强制购物、车上推销，与游客产生的矛盾冲突，都与旅行社对导游的不公正待遇和关怀缺失有关，是导致导游职业形象"矮化、窄化"的主要因素。因此，旅游服务企业在专职导游队伍建设中要与行业企业服务人才需求匹配和协调发展，需要企业正视问题、端正态度、拿出诚意，立足导游人才职业生涯的可持续发展与导游人员合理的权益保障，形成良好均衡的命运共同体，互利共赢、共同发展。

在数字文旅多元融合的新时代，恰逢职业教育的黄金机遇期，国家职业教育体系建设、"双高计划"、专业目录修订等教育政策红利与导游专业素养研培计划、"金牌导游"培养项目、导游星级服务评价体系、导游执业方式改革等文旅政策红利叠加释放，我国导游专业人才培养机遇频现。同时，专业人才培养和行业企业需求不尽匹配、旅游服务企业导游用人政策不尽合理，又使导游人才培养遭遇重重挑战，需要校、政、行、企通力合作，才能抓住机遇、应对挑战、不辱使命、赢得未来。

第二章

"互联网+现代导游"人才培养的"浙旅模式"

导游人员是旅游活动中重要的服务人员，其服务的质量和水平不仅直接影响旅行社的效益和声誉，而且对旅游目的地国家或地区的旅游形象也具有重要的影响作用。导游常被称为"民间大使"，站在旅游行业的最前沿，直接向旅游者传播着社会主义精神文明及中华优秀传统文化。导游的精神面貌、业务技能和服务水平直观地体现了一个地区或国家的旅游业形象。他们肩负着增进各国人民的友谊和让游客加深对中华民族悠久文明及改革开放后取得重大成果的认识，同时也代表着一个城市、地区或国家窗口的形象。

2022年5月，文化和旅游部市场管理司发布《2021年度全国旅行社统计调查报告》，2021年度全国旅行社从业人员278 772人，相比2020年减少43 725人；其中大专以上学历192 628人，签订劳动合同的导游人数为94 332人。2021年度，文化和旅游部组织全国特级导游考评，共评出16名特级导游。2021年度浙江省旅行社从业人员24 101人，签订劳动合同的导游人数为11 506人（图2-1）。

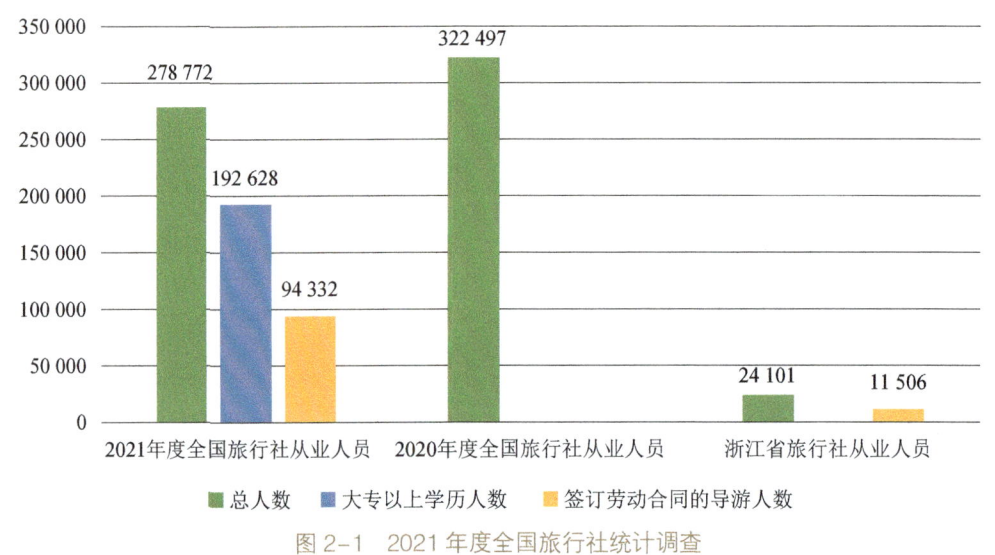

图2-1 2021年度全国旅行社统计调查

（资料来源：中华人民共和国文化和旅游部发布的《2021年度全国旅行社统计调查报告》）

疫情过后，中国旅游业即将进入黄金的发展时期，旅游市场的大热也会带动对旅游人才队伍的强大需求。资料显示，截至2023年上半年，中国拥有导游资格证的人员有133万左右。过去三年，受疫情影响，一线导游人才流失缺口较大，而现阶段我国导游人员业务素质不高，服务质量参差不齐，这些将制约我国旅游业的发展。随着科学技术的不断进步，旅游目的地智能化导游、导览技术的更新迭代，旅游者能自行获得旅游目的地信息的机会越来越多，导游人员工作的重点也发生了微妙的变化，由原来以讲解为主慢慢向以服务为主过渡。而随着在线游市场份额不断扩大，云上旅游、智慧数字旅游成为提振旅游消费的主流。旅游消费走向智能化，旅游业态迭代更新，人们传统的旅游观念正在转变，旅游市场对导游人才的要求更加多元化。市场新变化催生新的人才需求，传统导游必须向"互联网+现代导游"复合型人才转型，其中，数字化知识的介入、跨界能力的培养至关重要。

第一节　导游职业新定义

一、传统导游职业

导游是依照《导游人员管理条例》的规定，取得导游证，接受旅行社委派，为旅游者提供向导、讲解及相关旅游服务的人员。导游按工作区域划分可分为海外（出境）领队、全程陪同导游人员、地方陪同导游人员、景区景点导游人员。按语种划分可分为中文导游（包括普通话、方言、少数民族语导游）、外文导游（包括英语、日语、韩语、法语、德语、意大利语等语种导游）。按技术等级划分可分为初级、中级、高级、特级导游。

传统导游是一个历史悠久的职业，它的内涵是多方面的。导游职业内涵基本定位在为带领旅游者参观旅游目的地，提供导游讲解、旅行生活服务等传统的服务范畴。导游职业的魅力体现在导游服务上，导游职业以导游服务为中心辐射式展开，研究导游服务是认识导游职业的最佳途径。导游服务质量的优劣在很大程度上取决于导游自身素质和自觉性的高低，以及对导游客体和服务规范的认识。

目前传统导游职业主要存在六大问题。一是导游职业目标不明确。旅游人才的教育盲目性较大，对导游资格考试培训模式单一，停留在课堂上的理论教学，内容枯燥。二是导游的职业美誉度不高，导游行业门槛低，导游素质参差不齐。旅游行业的一些零负团费操作和负面报道在一定程度上加深了导游和游客之间的对立。三是导游薪资制度不规范。大多数导游人员长期以来无底薪或低底薪，收入主要靠带团津贴、加点和购物提成，而高素质人员不愿进入导游行业，现有的导游有职业倦怠。四是导游用工制度不健全。导游以自由职业居多，大部分导游很少长时间固定服务于一家旅行社或企业，缺乏归属感。五是导游职业生涯短。很多导游趁年轻带几年团后大多转岗或者转行，缺乏职业规划和自我提升意识。六是导游发展空间小。虽然文化和旅游部门的政策鼓励导游考级，但导游等级的高低与导游人员就业，特别是收入水平关联度不高。

导游在旅游行业中起到一个排头兵的作用，是一家旅行社团队服务的风向标。随着社会的发展，传统导游的内涵也在不断拓展。传统旅游时代，面对面的团队导游服务是主要服务方式，以翻译、地陪、全陪、领队和景点导游为代表的导游人员曾为世界旅游者认识中国、中国旅游者走向世界作出了巨大的贡献。传统意义上的导游讲解服务，因为其本身是旅游产品的一部分，因而在一定程度上导致导游的个人价值难以最大化。只有当导游成为旅游线路产品运营的主体时，导游的职业之路才能行稳致远。作为一名优秀的导游和高素质的服务人员，传统导游需要具备以下六项能力。

第一，知识性。传统导游是一个信息提供者，需要拥有丰富的历史、文化、地理知识，以及有关旅游景点、餐饮、交通等方面的知识。导游需要对景点的历史、文化背景、自然特征以及游客感兴趣的内容有深入的了解，以便为旅游者提供有关的知识和信息。

第二，语言能力。传统导游需要具有流利的语言表达能力，能够在多种语言中进行有效沟通。他们还需要具有很强的听说读写能力，以便在旅游过程中随时与游客交流。

第三，沟通技巧。传统导游需要具有良好的人际沟通技巧，能够和游客进行有效沟通，解答游客的问题，以确保他们的旅游需求和要求得到满足。他们还需要具有良好的团队合作精神，与其他导游、领队等协作顺畅。

第四，个人素养。传统导游需要具有很高的职业道德和个人素养，在旅游过程中表现出良好的礼仪、形象和热情。导游还需要具有较强的应变能力。

第五，服务能力。传统导游是一个服务提供者，需要确保旅游者的旅游行程进展顺利，并为他们提供必要的帮助和服务。同时需要对旅游者的需求有敏锐的洞察力，并能根据旅游者的需求和要求进行有效的安排。

第六，个性化服务。近年来，探险旅游、体验旅游、康体旅游等特色旅游形式异军突起，这些就需要传统导游提供个性化服务。它们要求导游人员必须根据旅游者的个性和不同的旅游需求提供针对性的服务，使不同的旅游者获得更大的心理满足，要求导游人员能根据游客的差异、旅游产品的不同，因时、因地、因人而异地提供有针对性的服务，并通过不断的学习与实践发挥自身优势，提供富有个人特色的导游服务。

二、"互联网+"旅游环境下的导游职业

随着互联网的发展，人们的生产和生活方式发生了深刻变化，旅游业也发生了巨大的转变。移动互联网的快速发展重塑旅游行业格局，移动端正在成为旅游预订的核心渠道，突如其来的疫情加快和加剧了这一趋势。后疫情时代，游客消费习惯趋向碎片化，服务触点也更多元。万物互联的信息时代，信息的多样化和获取的便捷性促使旅游者需求日益分化，在旅游信息获取的方式上有了更多的选择。互联网的应用使游客可以方便地订购旅游产品，同时也对传统导游行业产生了很大的影响。

旅行企业想在万物互联的网络时代继续乘风破浪，必须紧跟时代步伐，加快互联网布局，推动物联网、云计算、5G技术、高性能信息处理和智能数据挖掘等技术在旅游产品的研发、旅游体验、旅游营销等方面的应用。导游要充分利用智慧旅游相关知识扩大对旅游者的营销和服务，这是旅游从业者当前的首要任务。未来的旅游必将以智能化的模式存在，掌握最新"互联网+"的导游职业将在未来的旅游市场中走得更稳。在"互联网+旅游"环境下，导游职业也需要进行适应和调整。

第一，互联网技术为游客提供了大量的旅游信息。随着科技的不断发展和人们生活水平的提高，互联网已经成为人们生活中不可或缺的一部分。而在互联网的推动下，旅游业也发生了巨大的变化。现在，人们可以通过互联网轻松预订机票、酒店、旅游产品，并且可以随时随地获取相关的信息和咨询。在这种情况下，导游职业也面临着巨大的机遇和挑战。传统的导游工作内容，如解释历史、文化、地理等信息，仍然非常重要，但是现在需要导游更加注重服务质量和客户体验。在互联网时代，游客可以通过网络获取大量的信息，因此导游需要具备更强的专业知识和沟通能力，以便更好地向游客介绍当地的历史、文化和地理环境。他们还可以通过网络自行安排旅游路线和行程，不再需要依赖导游。因此，导游需要通过提高自身的专业水平和服务质量来吸引游客。

第二，互联网技术为导游提供了更多的工具和资源。一直以来，导游职业本身也面临着很多挑战。旅游消费主体和客体的多样化对导游职业提出了更高的要求。互联网对导游职业的要求除了一些基本的职业本领以外，还需要具备以下条件：更好的沟通协调能力、突发事件处理能力及抗压能力、良好的服务意识和职业道德。进入移动互联网时代，游客获取信息越来越便利，旅游经验越来越丰富，个性化需求随之增

加。导游可以通过在线平台和手机应用程序来提高自己的工作效率和服务水平。同时，他们也可以通过互联网与游客建立联系，为游客提供实时的信息和服务。

第三，互联网技术为导游带来了新的商机。随着旅游业的发展，越来越多的游客喜欢体验与众不同的旅游方式，如自驾游和徒步旅行等。传统意义上的导游讲解服务，其本身也是旅游产品的一部分。旅游产品的销售和推广多通过网络渠道进行，较传统营销模式在营销理念和渠道方式上发生了很大变化，这就要求导游熟悉"互联网+"背景下的新营销模式，掌握旅游产品营销的相关知识以及新媒体营销的宣传推广方式，掌握一定的文案、视频、图片的编辑制作知识，学习摄影、图片加工和视频拍摄剪辑等相关技能，从而更好地利用数字媒体技术进行旅游产品包装推广。

随着 5G 技术逐步应用于旅游业，文旅融合将迎来新的发展。线上虚拟旅游体验和线下沉浸式体验的旅游互动模式得到明显提速，后疫情时代的旅游业将在线化、数字化和智能化加速中高质量发展。加速旅游科技的投入是后疫情时代旅游企业发展的首要任务。旅游企业为提高核心竞争力，将通过 AI、大数据等技术针对不同消费群体和消费特点倾向进行分析整理归纳总结，并结合高新技术发挥产业链优势，大力发展"旅游+"事业，推出"旅游+健康""旅游+文娱""旅游+科技"等产品，实现旅游产品的迭代创新。具备较强的数字化知识、数字化能力和数字化素养的创新型导游人员已成为现代旅游企业紧缺的人才。

三、现代导游内涵

随着时间的推移和社会的发展，导游的内涵也在不断发生变化。现代导游不仅是一名带领游客参观景点的人，更是一名多面手；既是一名知识专家，又是一名社交达人，还是一名安全顾问。现代导游是一个多面向的职业，其内涵包括了多个方面。现代导游的作用越来越重要。作为旅游业的重要组成部分，现代导游更是一名旅游专家、文化传播者和社会管理参与者。首先，现代导游是一名旅游专家。导游需要具备丰富的旅游知识和经验，能够为旅游者提供有关旅游目的地的各种信息。他们需要了解旅游目的地的历史、文化、人文、地理等方面的知识，并能够将这些知识以生动有趣的方式呈现给旅游者。其次，现代导游是一名文化传播者。现代导游需要将旅游目的地的文化以多样的方式呈现给旅游者，使他们能够更好地理解和体验目的地的文化。现代导游需要具备跨文化交际的能力，能够与来自不同国家和地区的旅游者进行有效沟通。最后，现代导游是一名社会管理参与者。他需要协同维护旅游行业的秩序，保证旅游者的安全和舒适，需要熟悉旅游目的地的规则和法律。

（一）旅游新供需环境下的现代导游内涵变化

随着国家经济社会的转型升级和人民群众对美好生活的向往升级，全域旅游、"互联网＋旅游"和"旅游＋"的快速发展，旅游新客体、新业态的不断涌现，现代旅游业呈现出品质化、智慧化、综合化、国际化等特征，旅游接待服务也相应发生着深刻变化，传统导游已不能应对产业和市场的新需求。在互联网和信息技术促进传统产业更新发展过程中，符合旅游新环境的"现代导游"应运而生。和传统导游相比，现代导游的内涵更加丰富，主要体现在以下三点：一是导游边界从景区景点为主扩大为目的地全域、从国内为主扩大到全球；二是导游方式从以面对面为主发展到面对面服务与通过平台和智能终端服务并存；三是导游内容从主要提供单一环节的向导讲解与接待服务向旅游过程一站式综合服务发展。同时，产品形式从以传统观光游为主发展到休闲度假、研学旅行、深度体验游等多元并存。

（二）旅游新环境下的现代导游服务方式

导游服务是旅游接待服务的纽带和标志，是旅游主体进入旅游客体的必要环节。有导游的旅游是有灵魂的旅游，是旅游者真正深度融入旅游消费空间的旅游。传统旅游时代，面对面的团队导游服务是主要服务方式。而在现代旅游新环境下，"旅游＋"和"互联网＋"正极大改变现代导游服务方式，垂直消费、人工智能、品质发展、跨界融通等为现代导游人才培养注入了新活力。

（三）旅游新产业链下的现代导游外延拓展

现代旅游业发展促进了旅游产业结构调整、产业链延伸、产业边界扩展，新业态不断涌现，产业对导游人才的需求发生巨大变化，促使现代导游的外延扩大，主要体现在以下三点：一是从单一导游服务向上下端相关服务延伸，能综合进行旅游产品设计研发、定制、销售、导游接待、售后服务等全过程服务；二是从单纯旅游服务到为"旅游＋"服务，即导游服务要适应旅游与文化、教育、农业、生态等多产业领域融合渗透，能适应高品质乡村旅游、红色旅游、研学旅行、海洋旅游、体育旅游、特色小镇旅游等旅游新业态需求；三是从单维度近程导游服务向多维度远近程结合的导游服务拓展，能提供产业急需的全球旅游目的地（景区/度假区）智慧导游产品，即依托和利用智能平台或融媒体平台提供全时空智慧导游产品的研发、服务与管理等。

基于此，现代导游的服务内容主要表现为：全域旅游环境下的区域深度导游服务、"旅游+"背景下的跨界融合型导游服务、国际国内旅行管家服务、智能终端导游服务和智慧景区导游导览服务等。

第二节 导游人才创新培养

未来的旅行社更加依赖人才。旅游业创造了全球10%的就业岗位，但从业者的总体文化水平偏低。人才水平的提升有助于行业的快速发展，旅行社行业智能化水平的提升离不开高水平高科技人才的加入。特别是新业态的快速发展、新科技的大规模应用，都要求从业者更加重视实践能力和创造能力的培养，如旅游智能化平台的开发、旅游软件的运用、视频的剪辑和文案的撰写等。导游人才培养是旅游业发展的重要组成部分，也是保证旅游业质量和竞争力的关键因素。随着国内旅游业的不断发展和壮大，导游人才的培养也变得越来越重要。"互联网+旅游"的快速发展，给导游行业也带来了新的机遇和挑战。在这种环境下，急需"互联网+现代导游"复合型人才。

一、"现代导游"人才的培养趋势

当前新技术革命带来的媒介化是社会生活变革的第一现实，而新传播时代的内容、关系、场景是三个重要的价值维度。市场需求向高职院校人才培养释放转型信号，熟悉多媒体平台传播特点、熟练掌握多媒体技术的应用型媒介融合人才成为网络与新媒体专业的未来培养方向。对旅游人才的技能要求也从过去的单一服务技能转变成具有"深度"和"广度"的复合型技能。

复合型导游人才需要兼备专业知识和技能，同时具有良好的互联网技能和丰富的客户服务经验。他们需要熟练地运用互联网技术，为游客提供方便快捷的旅游服务。同时，他们还需要掌握丰富的旅游知识和文化背景，为游客提供独特的见解和体验。复合型导游还需要具备良好的沟通和人际交往能力，能够与游客建立良好的关系，并以热情周到的态度为游客提供卓越的服务。他们需要适应快速变化的旅游环境，并不断学习和提高自己的专业素养。复合型导游的出现，将为旅游行业带来更多的创新和发展机遇。他们不仅能够提高旅游服务的质量和效率，还能为游客带来更加丰富的旅游体验。

导游是旅游职业教育最传统、最核心的专业之一。受疫情影响，传统导游队伍建设和人才培养标准已经不适应行业发展趋势。数字化能力已经成为当下旅游人才培养的重点之一。近年来，在线游市场份额不断扩大，云上旅游、智慧数字旅游成为提振旅游消费的主流，游客通过短片、直播实现"不出行看遍天下美景"。随着旅游消费走向智能化，旅游业态迭代更新，传统的旅游观念正在转变，旅游市场对导游人才的要求更加多元化。2021年，教育部更新了《职业教育专业目录》，按下职业教育专业升级的"启动键"。在旅游职业教育专业方面，设立了"智慧旅游技术应用""定制旅行管理与服务"等新专业，数字化能力已经成为当下旅游人才培养的重点之一。市场新变化催生新的人才需求，传统导游必须向"互联网＋现代导游"复合型人才转型，重点培养研学型、管家型和智慧型导游人才。

导游服务是整个旅游接待服务中的纽带和标志。随着旅游新环境和产业链的变化，以及现代导游服务内涵的丰富和外延的拓展，现代导游人才的培养相应呈现出三大趋势：一是要深度融入旅游消费空间，参与全域旅游时代目的地（景区/度假区）旅游产品的设计与研发，具备景区相关知识；二是要及时对接旅游者高品质、智慧化、主题化的消费需求，具备基于"互联网＋"的远近程导游服务能力、全程服务能力和专项服务能力；三是要垂直对应自助旅游需求，具备各类智慧导游系统的内容研发制作与运维管理能力。

二、"互联网＋现代导游"复合型人才概念界定

"互联网＋现代导游"复合型人才是具有坚定理想信念，德智体美劳全面发展，具备一定的科学文化水平、深厚的人文素养、良好的职业道德、创新意识和国际化视野、精益求精的工匠精神、较强的创新能力，扎实的专业知识和技术技能，掌握现代旅游业、旅游信息技术、智慧景区开发与管理等跨界知识和能力，适应旅游目的地全域景区化建设的旅游人才。

（一）研学型导游

基于教育部对中小学生第二课堂的重视，学生走出教室，走进博物馆、走向大自然必定会促进研学旅行的快速发展。常规的导游人员无法做到传授知识，"研学型"导游就是专家型导游，即具有较高文化素养的面对面导游服务人才。在掌握高水平导游服务技能的基础上，重点强化文化知识积累、讲解艺术提升和对特殊类型旅游领域

的专业学习。研学型导游具有较强的语言能力和持续学习能力，能对目的地（景区/度假区）全域或产业新业态（如乡村旅游、红色旅游、研学旅行、海洋旅游、体育旅游、特色小镇旅游等）进行深度导游讲解和提供一定的营销策划服务。主要面向旅行社、景区、度假区、国家公园、文博场馆、景区村庄、特色小镇（风情小镇）、研学营基地等，或依托相关平台进行自由执业。作为一名研学型导游，对教育的引导性、知识的传授性和与学生的互动性方面都有较高的要求。

（二）管家型导游

管家型导游即具有旅游产品定制及跟踪服务能力的导游人才。在掌握导游服务技能的基础上，重点强化旅游者行前、行中和行后的全程个性化服务能力，具有较强的语言能力和沟通能力。能依托线上线下多种渠道提供从旅游咨询、产品定制、销售到导游服务、售后的全过程、个性化旅行管家服务；主要面向旅行社、旅游互联网企业、旅游电商平台等，或依托相关平台进行自由执业。疫情后旅游消费者对安全的重视程度有了很大的提升，出行的团队规模更趋向小型化、家庭化。由一个大家庭或几个小家庭组成的团队占比越来越高，团队成员年龄差越来越大，这就对导游服务提出了更高的要求。在服务的过程中，导游要能第一时间察觉到客人的需求，并掌握医疗保健方面的知识和技能。作为一名管家型导游，对旅游产品定制及跟踪服务能力方面有更高的要求。

（三）智慧型导游

智慧型导游即依托互联网，通过云服务平台或智能移动终端等技术手段提供导游服务的人才。在掌握导游服务技能的基础上，重点强化通过互联网进行导游导览服务的技术和能力。智慧型导游需具备较强的语言能力和创新能力，能进行国际国内智慧景区（目的地）智慧导游系统的内容设计与平台管理和基于互联网应用平台的远程近程导游导览服务。他们主要面向景区、度假区、国家公园、文博场馆、景区村庄、旅游互联网企业、旅游电商平台等，或依托相关平台进行自由执业，全面提供涉及导游上下端服务、远近程服务及跨界服务的全方位、多形态、多语种导游导览及旅行协助服务。

三、导游专业群的人才培养

（一）导游专业群组建

近年来，旅游业发展势头强劲，复合型导游人才的市场需求广阔。作为旅游接待服务的纽带，导游队伍是旅游主体进入旅游客体的重要支撑，也是以全域化、品质化、国际化、智慧化等为特征的现代旅游新环境的市场所需。一方面，随着文旅融合的加快，旅游产业链进一步延伸、产业边界加快拓展、旅游业态迭代更新，旅游市场对导游人才的需求发生了根本性的变化。随着旅游消费需求的变化，导游服务也向两端延伸，面向旅行全过程的服务与管理，能够满足旅游者出行过程中关于旅游咨询、产品定制、研学旅行指导、导游服务、景区服务、售后服务等全程服务需求的复合型人才，成为现代旅行社和旅游互联网企业的紧缺人才。另一方面，传统的导游人才培养路径过于单一，片面追求传统技能的培养，忽略了人文素养的建构以及综合素质培养，造成导游人才队伍的结构性错位。

浙江旅游职业学院导游专业群依托浙江旅游高质量发展的重大机遇，借助浙江文旅融合、"互联网+"和旅游国际化发展的巨大优势，深化改革，探索支撑区域导游人才需求的专业群发展模式。导游专业群以导游服务的延伸发展和创新发展为契机，以"互联网+"和跨界融通促进导游专业、智慧景区开发与管理专业、电子商务专业和研学旅行管理与服务专业的协同发展。依据旅游产业发展趋势和导游人才需求变化，导游专业群以现代导游复合型人才培养的探索为基础，将教学资源共享度高、就业相关度高，且将与现代导游人才培养关系紧密的导游专业、智慧景区开发与管理专业、电子商务专业和研学旅行管理与服务专业进行优势互补、协同发展，融合工艺美术、表演艺术、旅游外语等相关技能要素，重点培养现代旅游业紧缺的"互联网+现代导游"高技能复合型人才。

在文旅融合背景下，依据旅游新业态发展趋势和特征，浙江旅游职业学院导游专业群从对接现代文旅产业转型升级的需求出发，对"互联网+"时代的导游人才培养进行了重新梳理，聚焦旅游产业发展，紧密围绕人民群众不断增长的旅游消费需求，在专业群组建定位、人才培养模式、课程体系、教学资源与教学方法、产教融合、国际化等各方面进行全面深化改革，将"互联网+现代导游"复合型人才做专做强、做深做透。一是通过人文素养提升及与教育、科技等多专业的跨界融通，进一步做优面对面服务的研学型导游人才培养；二是通过延伸产业链，做强针对国际国内市场的管家型导游人才培养；三是结合智慧旅游发展和智慧景区（目的地）建设，做深国际化智慧型导游人才培养，让旅游者都能有高素质的导游相伴，也为讲好中国故事、展示美丽形象、提供新型教育、传播中华文明贡献力量。

（二）导游专业群的人才培养定位

随着旅游新业态的快速发展、新科技的大规模应用，要求我们更加重视实践能力和创造能力的培养，复合型人才的培养是未来旅游教育必经道路。浙江旅游职业学院导游专业群旨在培养专业技能强、服务意识强、创新能力强、岗位迁移能力强，具有较强后续发展潜力的国际化复合型导游人才，打造人才质量一流、服务能力一流、国际影响一流的人才培养高地。创新"联盟驱动、跨界融通、技能迭代"导游专业群人才培养模式，以现代学徒制人才培养为抓手，开展"学历证书+现代导游岗位群职业技能等级证书"试点工作，培养德技并修、就业质量高、岗位胜任度高的"互联网+现代导游"人才。

第三节　导游人才培养的"浙旅模式"

当今，全球经济正处于新一轮科技革命和产业变革孕育兴起的重要阶段。新技术促进了跨界融合持续深化，大数据、云计算、移动互联网、人工智能向文化旅游产业领域的渗透步伐加快，文化和旅游业的跨界融合催生众多新业态，带来了产业结构的转型升级。新冠疫情更加快了产业数字化转型，智慧旅游、数字旅游新产品层出不穷，旅游者对智慧化、个性化服务的需求也越来越大。随着"互联网+旅游"的不断发展，云上旅游、智慧数字旅游成为提振旅游消费的重要力量，后疫情时代导游从业人员队伍建设和专业人才培养提出了更新、更高的要求，特别是复合型导游人才的培养更是迫在眉睫。反思我国导游人才的培养，传统导游的培养基本囿于导游基础知识、导游业务规范、旅游政策法规等内容范畴，与当今旅游者需求变化和产业转型所需的知识结构多元融合、能力结构跨界复合、综合素养系统全面的新导游人才供给不相对称。传统导游向"互联网+现代导游"复合型人才的"适应性转型"培养迫在眉睫。

"互联网+现代导游"复合型人才培养创新模式旨在通过结合互联网技术和现代导游培训，提升学生认知、优化实战技能，从而培养出更加具有"深度"和"广度"技能的复合型人才。"浙旅模式"的"互联网+现代导游"复合型人才培养是当前导游人才培养的一种重要创新模式。在这种培养模式下，导游人才不仅需要具备传统导游的专业素养和技能，还需要掌握互联网知识和技能，以适应旅游业的现代化发展。互联网技术的普及和广泛应用，使得导游能够更方便地收集信息，提高服务效率，满足客户需求。同时，现代导游需要具备的专业素养和技能，仍然是做好导游工作的基本保障。因此，浙江旅游职业学院导游专业群在导游人才培养中，通过联盟驱动、产教融合，确立人才培养新规格；通过跨界融通，寻求人才培养新路径；通过技能迭代、课岗融贯，构建专业课程新体系，培养学生的互联网知识和技能，同时加强传统导游的专业素养和技能的培养；通过"互联网＋现代导游"复合型人才培养创新，提高导游人才的综合素质，从而提升旅游服务质量，满足客户需求，推动旅游业的现代化发展。

一、联盟驱动、产教融合，确立人才培养新规格

"联盟驱动"是导游人才培养的手段、方法和平台，即以学生为中心和主体，通过开放式职教联盟搭建的育人平台，通过虚拟订单班、行业导师师徒制、名导工作室、学生自主实训平台、赛教练培养机制等多元化的方式实现导游人才的培养。浙旅导游专业群深度整合资源，以"联盟驱动"创新校企协同育人机制。

对接产业发展和旅游消费需求变化，重新确立知识、能力复合跨界的文旅融合型、"互联网＋"智慧型导游人才培养规格。一是要求知识结构迭代升级。从传统向导游技能迭代升级要求转变，知识结构由一元向多元转变。二是要求能力结构迭代升级。从传统的讲解和旅行服务单一技能向数字技术应用、旅游产品定制、新媒体营销、智慧服务、AI导游等复合能力转变，通过导游专业群平台建构复合知识体系，丰富专业基础知识，贯通移动互联网、智能化、新媒体等知识，提升学生知识素养。三是要求增强科创素养。通过多元合作方式构建教学新工厂，强化训练学生基础服务技能和跨界思维能力、智慧化服务能力、产品策划与营销能力和定制服务能力等复合、跨界能力，提升学生科技素养和创新素养。

此外，学院还致力构建资源共享、互利共赢的校企合作机制，将旅游行政管理部门、行业协会、境内外优质旅游企业联合起来，成立入盟协商、退出自由的"开放式校政企联盟"，为学生开展实习实训提供高品质合作基地。目前，联盟成员已超过60家，北京众信、上海竹园、深圳腾邦、迪拜绿晶、凯撒、飞猪、指南针等国内外顶尖旅游企业也纷纷加盟。

同时，通过举办理事会年度工作会议，成立校政企联合指导委员会、旅行社经理人论坛，建立企业制学院、行业导师师徒制，开设订单班、企业名导工作室，校企共

同制订专业发展规划和人才培养方案等多元化工作机制，形成校企协同育人长效运行机制，既贴近行业企业的最新需求，又为教学改革提供更稳定的支持。目前，共开设企业订单班 12 个，订单班学生人数达到 355 名。

二、跨界融通，寻求人才培养新路径

"跨界融通"是新型导游人才的培养目标，即培养适应旅游业转型升级发展的、跨专业、跨学院、跨行业、跨产业的复合型精英导游人才。其核心是要促进传统导游专业与其他相关专业之间的交叉融合，加强复合型导游人才培养，探索新型导游人才培养的新模式。浙旅导游专业群突破专业边界，以"跨界融通"重塑人才培养新格局。

学院通过联盟驱动、专业融通、产教融合路径培养跨界、复合型新导游人才。一是以无边界视角开展导游人才跨产业、跨专业培养，融通相关专业形成专业群，使知识体系、课程体系、实践教学体系融会贯通。二是通过联盟驱动深化行校企合作育人机制。牵头成立全国首个由 23 所国内院校、36 家头部企业及中国旅游协会旅游教育分会、浙江省文化和旅游厅等行业协会、政府部门等 7 家单位组成的全国性"开放式职教联盟"，共建人才孵化基地、产业学院、就业工作站，实现人才培养质量和就业质量双提升。三是以旅游与文化、旅游与科技融合理念创建校内实践教学新工厂，形成新旅游人才孵化基地，比如阿里巴巴在线旅游、麦扑智能化旅游等，并以此为载体，通过"赛教练一体化"、阶段性"项目派遣"、项目化课程、生产性实训，使学生学习从静态向动态转变、单一技能向复合跨界技能转变，促进人才供给侧与需求侧要素间有机耦合。

自 2017 年开始，学院立足"产教融合、校企双元"育人，适应全域旅游、"旅游+"、"互联网＋旅游"、文旅融合等行业最新动态要求，积极探索跨专业融合教学，开展人才培养模式改革，在课程设置和教学内容上开设综合素质教学、专业通识教学、专业技能教学及岗位能力教学四大模块，并启动实施"1+X"证书制度，完成了旅游策划师、研学旅行指导师等技能等级证书开发，及时对接智慧旅游、新媒体营销、研学旅行指导等行业新兴岗位教学需要。

随着全国高职院校迈入"双高"建设时期，学院在紧密对接产业发展新需求和行业新动态中，在导游专业先期探索打破传统导游专业边界，探索跨专业、跨行业、跨产业的产教深度融合的研学型、管家型、智慧型导游人才培养。2013年，学校与景区开发与管理专业合作共建国家AAAA级景区——浙旅院国际教育旅游示范区；2017年，与嘉兴乌镇管委会合作开设"乌镇旅游现代学徒制班"；2018年，偕同电子商务专业与多家"互联网+旅游"企业组建智慧旅游学院；2019年，向教育部成功申报开设研学旅行管理与服务新专业，并于2020年首批招生，进一步拓展了导游人才培养专业内涵和职业空间。

实践证明，通过建立校企、校校、校政（地）及"一带一路"开放式职教联盟运行机制和"技能迭代、联盟驱动、跨界融合"人才培养体系，打通了院系之间、专业之间、专业与产业之间的"隔离墙"，也为后疫情时代浙江旅游职业学院培养和打造"人才质量一流、服务能力一流、国际影响一流"的中国导游人才培养高地夯实了基础。

三、技能迭代、课岗融贯，构建专业课程新体系

"技能迭代"是"浙旅模式"现代导游人才培养的具体路径，即在培养学生的过程中，让学生通过不断试错、不断调整、不断精进的定向型技能训练，提升学生认知、优化实战技能，最终实现从传统意义上的导游人员转化为掌握现代导游技能的高潜力高素质专业人才。浙江旅游职业学院导游专业群针对导游人才培养面临的新形势，主动对接需求，以"技能迭代"解决人才供给侧结构性矛盾，迭代更新办学理念、课程设计、教学方法，打造"互联网+现代导游"人才培养的"浙旅模式"。

第一，重构课程体系，重点打造数字课程。为实现传统知识进阶型向文旅融合型、智慧型导游能力提升型转变的教学目标，打破固有的课程架构，构建与技术迭代相对应的模块化课程体系。一是用专业群的思维重塑课程体系。课程结构由"基础课+专业基础课+专业课"转变为"通识课+基础课+平台课+模块课"，以文旅融合、教科融合的思路设计课程，以课程为中心，使专业融通、文旅融合、技能交互，实现知识结构和专业技能同升级。二是用跨界融合的思维重塑知识结构。专业群平台课程突出通识化教学，专业群内各专业模块课程突出融合、跨界，专业核心课突出传统知识进阶型向文旅融合型、智慧型导游能力提升型转变。三是按"书证融通"的要求设计课程教学内容。在专业课程中引入"全国导游资格""研学旅行

课程设计与实施""旅行策划""定制旅行管家"等证书标准，充分激发教与学的活力，为学生掌握多种技能提供有效选择。四是用产、教、科融合思维设计实践教学环节。按导游讲解、旅行定制和旅行策划、研学旅行指导、智能导览等技能进行递进训练，学生选择获取上述相关证书及阿里巴巴等企业技能认证系列的相关证书，使学生专业能力从传统技能向新技术应用能力转型升级，实现"互联网＋旅游"数字化技能的互补式提升。

第二，重新打磨专业课程。浙江旅游职业学院把数字化能力注入课程的知识点中，同时要重视场景化教学。例如，对专业课技能进行数字化打磨，打破原先教材里的"章节目"体系，解构成若干"颗粒化"知识点。同时，不断引导学生参与旅游项目设计、采购方案制订等活动，并进行景区踩点与验证，在实地工作场景中培养学生的导游讲解能力、应变能力、旅游产品设计能力和营销策划能力等专业岗位技能，提升课程的有效性。后疫情时代，导游人才必须是具备新媒体媒介素养、社群营销能力的复合型人才，为培养学生数字化思维和能力，针对旅游行业的新变化，学校撤并了导游专业的"门店"类相关课程，增设了智慧导览服务与管理、旅游IP运营与打造、旅游短视频制作等带有数字经济色彩的课程。人才培养模式转变中，不仅要让学生掌握直播、短视频制作这些"技"，将这些技能作为数字营销、旅游IP运营、旅游电子商务等课程的基础，还从旅游产品吸引力、文化内涵视觉表达等教学目标出发，让学生掌握"术"。此外，还建立"专业融通、岗课融通、书证融通、赛教融通"的课程体系，深化产教融合，增强对复合型导游人才的适应性培养。

第三，建立仿真教学实训中心。重视导游专业学生的实训教学，尤其是努力结合数字化技术开展虚拟仿真教学。浙江旅游职业学院建设了现代旅游虚拟仿真实训中心，系统打造虚拟景区、虚拟酒店、虚拟厨房等7个"云旅游"模块。在虚拟景区模块中，利用VR技术模拟中外著名景点、场景，模拟旅游目的地地震、火灾、泥石流、旅游大巴故障等突发状况，让学生通过沉浸式体验全面提升综合素质。

当然，数字化赋能和转型不是一蹴而就的，需要不遗余力地克服困难，不断向前。眼下，还存在不少难题，例如课程变革需要师资力量和教师能力的支撑，教材的更新需要一定周期，实训设施等硬件无法完全满足智慧化、数字化、信息化需求等。

通过"互联网＋现代导游"人才培养的"浙旅模式"改革实践，教与学的活力大大增强，学生岗位适应度、能力跨界通用度更加突出，用人单位对学生的满意度不断提升。根据麦可思《2022年用人单位评价报告》（图2-2），学校导游专业群毕业生用人单位满意度达100%，2020—2022届毕业生岗位适应性均在90%以上、通用能力达成度上升到98%以上。具体表现如下。

（1）用人单位对本专业群毕业生的满意度较高，专业群人才培养成效得以体现。聘用过本专业群毕业生的用人单位对毕业生的总体满意度评价达到100%，其中59%表示"很满意"，同时77%的用人单位认为本专业群毕业生的整体表现高于单位其他学校毕业生平均水平，用人单位对本专业群毕业生的整体表现认可度较高。

（2）用人单位高度认可专业群毕业生的能力知识达成，专业群人才培养与社会需求匹配度高。用人单位对专业群毕业生的总体工作能力、知识水平、个人素质的需求度均较高（分别为4.49分、4.48分、4.57分），满意度（分别为99.5%、98.8%、100.0%）均在98%以上。从各项能力、知识、素质来看，用人单位对绝大多数能力、知识、素质的需求度较高，满意度均达到100%，毕业生的能力、素质、知识达成较好地符合了实际就业领域的需要。

（3）本专业群毕业生岗位适应情况良好，职业发展态势较好，得到用人单位普遍认可。本专业群毕业生工作初期对岗位适应较快，七成以上用人单位认为本专业群毕业生胜任工作的时间短于或持平于单位其他学校毕业生平均水平，且2020—2022届毕业生反馈其岗位适应性也均在90%以上，毕业生岗位适应情况良好。

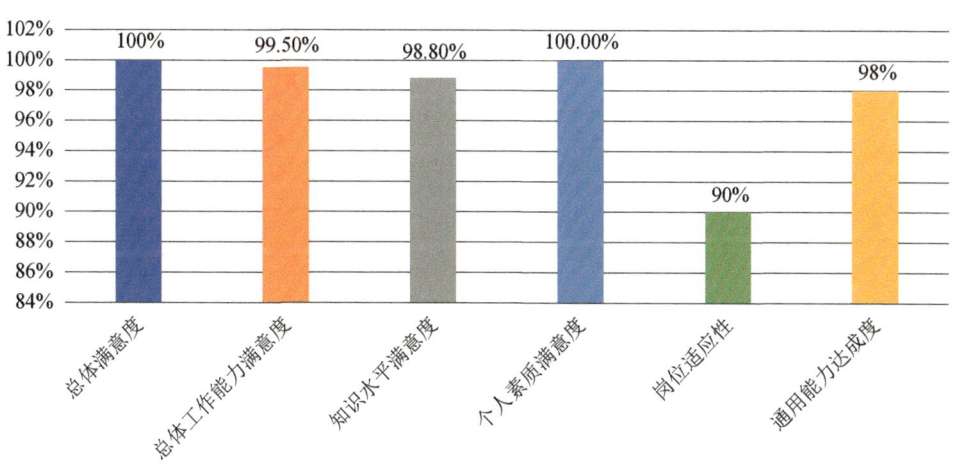

图2-2 麦可思《2022年用人单位评价报告》

同时，通过"互联网＋现代导游"人才培养的"浙旅模式"改革实践更加深化了基于数字化的学生评价体系，使学生在不同学习阶段的纵向全过程与德智体美劳等要素的横向全领域中融会贯通，形成立体化、多元化的学生发展评价体系，使专业改革、课程改革、课堂教学改革、实践教学改革的治理能力与水平不断提高。

第三章

"产教共融、螺旋递进"课程体系构建

学习流程重构中重要的一环即课程体系重构。过去一个专业几十门课程是依据学科化的知识体系组合在一起的，一门课程几十个知识点组成一个小的知识体系，几十门课的小知识体系放在一起就成为一个专业的知识体系。这个体系直到今天还是一个专业人才培养方案的核心。

但是，这样的体系是在以知识传授为核心目标的教育体系中建立起来的。当职业教育转向能力和素养导向时，就需要重新建构一个能够有效支撑能力提升，实现教学目标的学习流程，这个流程需要打破学生从单纯地学习学科知识，转向通过参与各种各样的能力训练活动和环节组成的新的学习流程。要支撑这样的流程，专业中的课程设计逻辑需要调整。一门课程并不是支撑某个知识体系，而是支撑某些能力训练活动，课程与课程之间也不是靠知识体系相连，而是靠能力训练活动链接在一起。因此，从知识传授转向能力和素养导向的教育，课程体系的重构是自然而然的。

浙江旅游职业学院导游专业的课程体系重构过程中所关注的，一是课程体系的重构能否实现人才培养目标和培养规格；二是如何才能把不同学科的课程整合到一个体系当中。

现今，随着文旅融合和"互联网+旅游"兴起，互联网、虚拟现实、数字化等技术应用日益广泛，技术替代对传统导游从业人员能力结构提出新的更高要求，其引发的劳动技能的迭代使得我国导游专业的人才培养目标和培养规格都发生了变化。原本以讲解与服务技能为主的传统导游人才已不能适应行业升级转型发展的需求，原有的导游人才的培养模式及导游专业课程体系亟待突破与创新。

职业教育如何支撑旅游经济的转型和旅游经济的动能转换；如何提升导游人才培养规格，使其与文旅融合、"互联网+旅游"的产业升级相匹配；如何改革课程，解决课程对全域化、定制化、智慧化、智能化导游人才培养规格支撑不足的问题；如何升级实践教学模式，解决校内实践教学与导游技能迭代训练不匹配问题；处于办学水平和综合实力稳居全国旅游类高职院校前列的浙江旅游职业学院在不断地思考与摸索。

第一节　理念与思路：从单一技能型向复合技能型导游人才培养目标的嬗变

　　课程体系的重构就是实现人才培养目标和培养规格的方法之一。课程体系应根据人才培养目标的嬗变而不断随之进行调整。旅游是一个自古就存在的行业，但是它的真正起步还是在近代，尤其是在最近的几十年里，它以难以想象的速度飞跃，无论是从旅游的人数、旅游的范围还是旅游的质量来说，旅游都成了现代人们生活中不可或缺的一部分。导游是旅游业发展过程中不可或缺的推动者。四十多年来，我国旅游业从无到有，从小到大的发展；从国内旅游单一市场发展逐步到国内旅游、入境旅游、出境旅游三大市场全面发展；从旅游行业发展到旅游产业发展，再到"旅游+"的产业集群发展；从单领域突进到全域发展，从单一功能到多功能的综合性，随着旅游产业的定位不断提升，对于导游人才技能的要求也不断升级。原本导游以中文带团讲解为主要技能，随着旅游三大市场的全面发展，中文带团讲解、英语带团讲解、出境导游服务都成了导游必须掌握的职业能力。随着文旅融合、"互联网+旅游"的产业升级，原有的导游服务技能已不再完全满足行业对导游职业的能力要求，培养跨界复合型人才成为导游职业教育的新的人才培养目标。

　　旅行服务与管理学院的导游专业敏锐地捕捉到产业转型升级对于导游人才职业能力要求的变化，人才培养目标经历着从20世纪80年代单一的中文导游人才培养到"四三制"技能型导游人才培养，到复合型导游人才培养，再到跨界融合复合型导游人才培养的嬗变。

　　培养跨界融合复合型导游人才的关键点为知识能"跨界"、能力可"复合"。这是对传统导游专业以培养"带团讲解、接待服务"的职业能力为核心的人才培养目标的颠覆性的改革。旅行服务与管理学院为了实现这一人才培养目标，在加宽学生人文素养培养的基础上开创性地打破原有"导游专业"的边界，智慧景区开发与管理专业、电子商务专业和新增设的研学旅行管理与服务专业及定制旅行管理与服务专业进行优势互补、协同发展，融合了工艺美术、表演艺术、旅游外语等相关技能要素，积极进行相关建设探索，努力把学生培养成具有深厚的人文素养，掌握多种职业技能和发展潜能及具备和谐发展的个性和创造性，能适应现代旅游业发展需要的导游人才。

第二节 做法与特色：课程体系的重构

一、"四岗递进"课程体系（2012—2015年）

2012年以来，导游专业以"课证融合"为基础，按照识岗、练岗、试岗、顶岗的递进关系建立了"四岗递进"课程体系。该课程体系对学生尽快持证上岗，提升职业能力卓有成效。

（一）确定"四三制"技能型导游人才培养目标

2010—2013年国家示范（骨干）校建设期间，导游专业在出入境旅游爆发性增长、浙江旅游职业学院导游专业成为全国首个通过世界旅游组织旅游教育质量认证专业的背景下，构建了"四三制"导游人才的培养目标。"四三制"为"三段三证三岗三企"，即导游专业教学根据导游领队三个职业资格证书考试时间，将教学分为三个阶段，每个阶段获取一种证书，共三种证书；每种证书对应一种岗位，共三种岗位；每种岗位联系相应旅行社作为紧密合作企业，共三家企业。"四三制"导游人才培养目标即使学生一专多能，读一个专业，掌握三种技能，适应三种岗位。

（二）工作任务与职业能力分解

根据导游工作流程，旅行社业务骨干、旅游业专家、资深教师共同进行工作任务与职业能力分析，结果见表3-1。

表 3-1 导游工作任务与职业能力分解

工作领域	工作任务	职业能力
中英文导游	协作部门的沟通 接团和送团工作 导游讲解服务 旅行生活服务 突发事件的处理 财务报账工作	具备良好的口语表达能力 具备一定的中英文语言水平 具备良好的审美素养和审美鉴赏能力 掌握导游服务各环节的工作流程 具备良好的人际沟通能力 能分析游客的个性心理需求 能妥善安排和组织协调游客生活服务 掌握突发事件危机处理技巧

续表

工作领域	工作任务	职业能力
出境领队	与地接社的联系、沟通 出入境服务 境外旅行生活服务 突发事件的处理	具备良好的英文口语能力 掌握导游讲解的必备技能 熟知出境旅游业务流程 掌握旅游团队管理的基本技能 具备良好的人际沟通能力 掌握突发事件危机处理技巧
旅行社经营管理	计调业务 产品设计与市场营销 门市的招徕与咨询 旅游产品策划与销售 客户关系管理与服务	旅行社产品设计与开发能力 旅行社产品采购能力 旅行社日常服务工作能力 旅行社市场营销能力 旅行社门市接待服务能力 客户关系管理能力

（三）制定"四岗递进"课程体系

"四岗递进"课程体系是导游专业在国家骨干高职重点建设项目探索出的以有序提升学生职业能力为核心的课程体系。该体系根据行业发展对人才的需求，以素质培养为基础、以岗位能力为本位、以"产学一体"为抓手、以校企合作课程开发为载体、以有序提升职业能力为内在逻辑，将导游教学分为识岗、练岗、试岗和顶岗四个阶段，再按照学生行为能力培养的教学规律确定教学任务、目标和内容，并在此基础上进行课程设置。通过从识岗到练岗、练岗到试岗、试岗到顶岗的不断递进，凭借校企合作的"任务驱动"促进课程体系和教学方式改革，有序地提升了学生的职业能力。

在具体实施中，该课程体系将课程分为基础课程和职业课程两部分。其中，基础课程包括公共基础课和公共选修课，职业课程包括职业基础课、职业技术课和实践课程。职业课程由始业教育内容与识岗、职业证书课程与练岗、职业业务课程与试岗、职业综合素质提升课程与顶岗实习这样四个层层递进、不断上升的课程模组构成。该课程体系秉持"注重基础、强化技能、关注发展"的指导思想，以职业能力有序提升为依据设计课程体系，更加注重基础即注重学生的职业道德和服务态度养成，强化技能即注重学生的职业关键技能培养，关注发展即注重学生的可持续发展和就业质量。该课程体系的实施既提高了导游专业学生的全国导游资格考试合格率，也提升了导游专业学生在全省和全国技能竞赛中的成绩，更提高了学生的就业率和用人单位满意率。具体做法有以下三点。

一是打破专业壁垒，在导游专业识岗、练岗、试岗、顶岗"四岗递进"课程体系基础上，根据行业发展变化对专业群课程设置进行重新评价、增减和完善，形成专业群整体合力和竞争力，共同促进专业群整体水平的提升。

二是建立导游专业群教学资源共享库。将导游专业、旅行社经营管理专业、电子商务专业和市场营销专业的教学资源库进行整合，破除专业之间的壁垒，实现专业群教学资源的共享，使教师和学生能充分利用专业群各类教学资源。

三是实现专业群实践教学资源的互通共享。导游四门科目题库除安装在导游微格实训室外，也安装在了电子商务实训室，首次实现了实践教学资源的共享。

课程体系结构如图 3-1 所示。

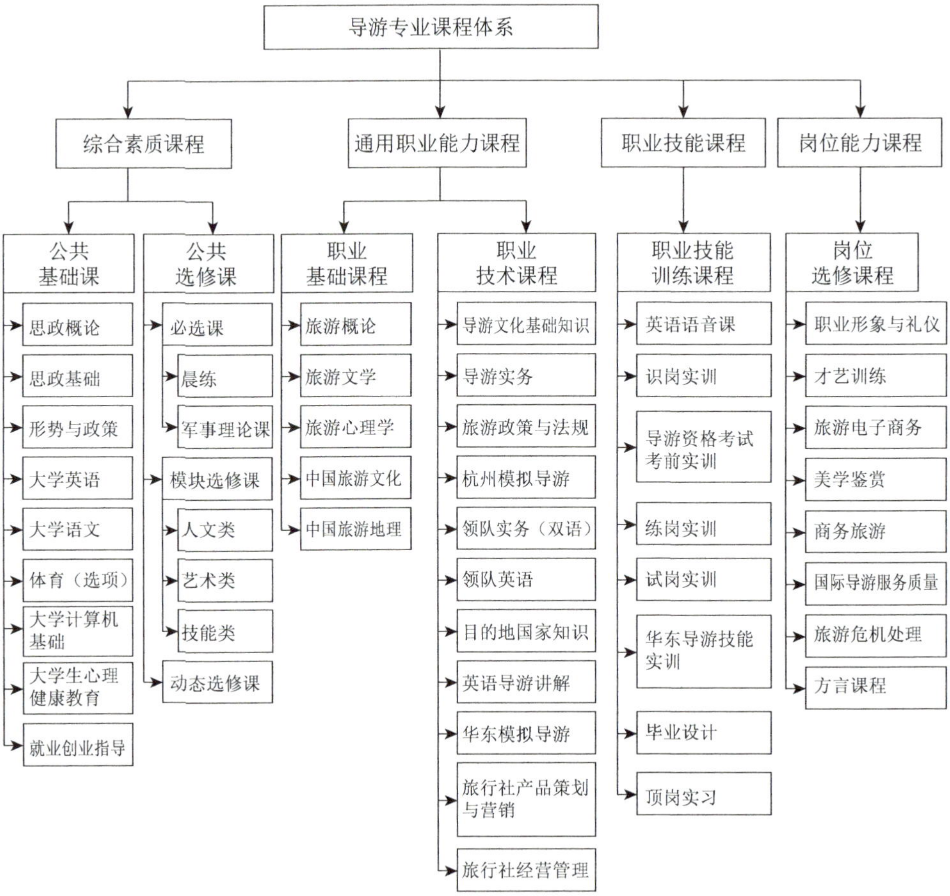

图 3-1 "四岗递进"课程体系（2012—2015 年）

根据学生的职业成长规律，结合课程教学，设置认知实践、仿真实训、跟班实习、顶岗实习、管理见习等递进的实践教学过程。

"四岗递进"实践教学体系结构如图 3-2 所示。

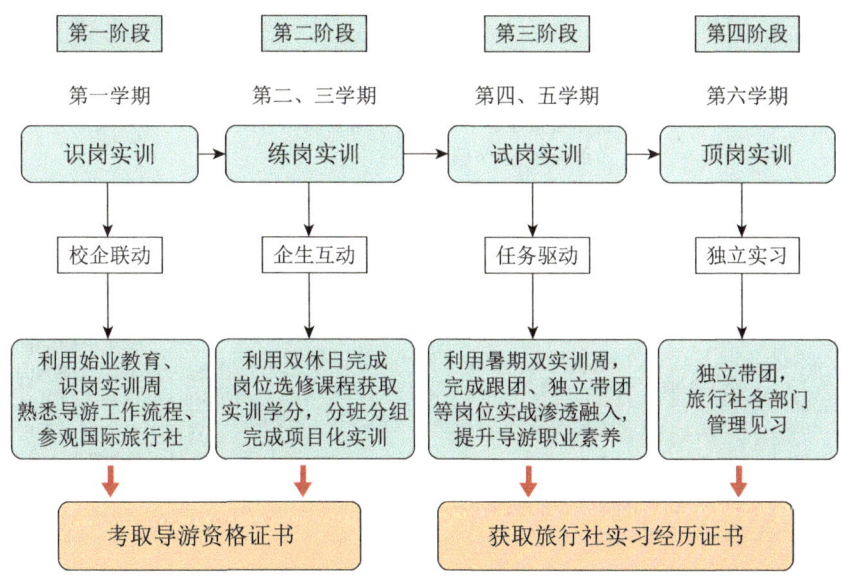

图 3-2 "四岗递进"实践教学体系（2012—2015 年）

（四）课程与资格证书整合

在人才培养方案的制订上，将考证相关课程融入课程教学中。课程体系中专门设置考证课程模组，根据学生职业能力成长和未来职业发展需要递进式、分层次安排相关课程，在不同阶段给学生设置不同的考证目标。

表 3-2 课证对应一览表

证书性质	"课"（考证模组课程）	"证"（专业资格证书）
首岗证书	导游文化基础知识	全国普通话导游员资格证
	导游实务	
	旅游政策法规	
	杭州模拟导游	
第二证书	目的地国家知识	出境领队资格证
	领队实务	
	领队英语	
第三证书	英语语音	全国英语导游员资格证
	英语导游讲解	

表 3-3 导游专业课证融合教学安排

资格证书	考证学期	考证课程	备注
全国普通话导游员资格证	第三学期	导游文化基础知识（1、2学期）、导游实务（2学期）、旅游政策法规（2学期）、杭州模拟导游（3学期）、导游资格考试考前实训（3学期）	首岗证书，必修课程
出境领队资格证	第四学期	英语纠音训练（1学期）、目的地国家知识（双语）（3、4学期）、领队英语（一）（4学期）、领队实务（双语）（3、4学期）	第二证书，必修课程
全国英语导游员资格证	第五学期	英语语音课（1学期）、英语导游讲解（一）（4学期）、英语导游讲解（二）（5学期）、英语导游资格考前实训（5学期）	第二或第三证书，必修和选修课程。学生第四学期末自主选择，报考英导证的同学选修英语导游讲解（二）和英语导游资格考前实训，不考英导证的同学选修领队英语（二）

每门课程均实施课程教学与考证目标的完全融合。考证相关课程均制定统一的课证融合课程标准和考核方式，课程内容包含考证内容，课程教材均采用考证指定教材。在师资安排上，导游专业组建了全国普通话导游资格证的课程教师团队、出境领队资格证书的课程教师团队、英语导游资格证书的课程教师团队。授课教师全部具备"双师"资格，大多数教师为相应资格证书考评员，并参与相关考证教材编写工作。

二、从"四岗递进"课程体系到"产教共融、专业互通、螺旋递进"课程体系的改革（2016—2020年）

在这一阶段，互联网为旅游业插上强劲的翅膀，旅游业则让互联网落地、扎出繁茂根系。"旅游+"与"互联网+"双向拥抱、深度融合，"旅游+"与"互联网+"互为媒介、互为放大器、互为催化剂，使虚拟经济与实体经济紧密结合，形成旅游网络与互联网之间的互加、互融。正是在这样的背景下，导游人才培养目标从"技能型"到"复合型"导游人才的嬗变，导游专业的课程体系也经历着从"四岗递进"课程体系到"产教共融、专业互通、螺旋递进"课程体系的改革。

（一）"产教共融、专业互通、螺旋递进"课程体系对复合型导游人才培养目标的支撑

"产教共融、专业互通、螺旋递进"课程体系是基于产业转型推动导游职业技能不断迭代发展的课程构建方式。"产教共融"是主线和环境，贯穿于基础课程、模块

方向课程、实践训练课程的始终。"专业互通"是资源和平台，通过对专业群内各专业课程资源进行整合梳理，实现真正的共享共建，最大限度地发挥资源效能。"螺旋递进"是方向和动力，旨在实现学生的关键能力（针对学生终身发展的关键基础能力，包括认知能力、合作能力、沟通能力、表达能力、创新能力、学习能力等）、行业通用能力（针对高素质人才培养目标、体现服务至诚的行业理念及精益求精的工匠精神的旅游行业通用管理能力）、职业核心能力（针对现代导游人才职业特征的核心能力）和职业提升能力（针对现代导游职业特定领域的跨专业拓展能力）四种能力螺旋式上升发展的培养目标。

（二）"产教共融、专业互通、螺旋递进"课程体系的构建

"产教共融、专业互通、螺旋递进"课程体系致力于通过职业基础课程共享，职业模块方向课程共融，技术技能课程校企共训，以"学中做、做中学、做中研、研中创"的校企合作育人模式，创新线上线下混合教学方式，实现复合型导游人才的培养。具体呈现如图3-3所示。

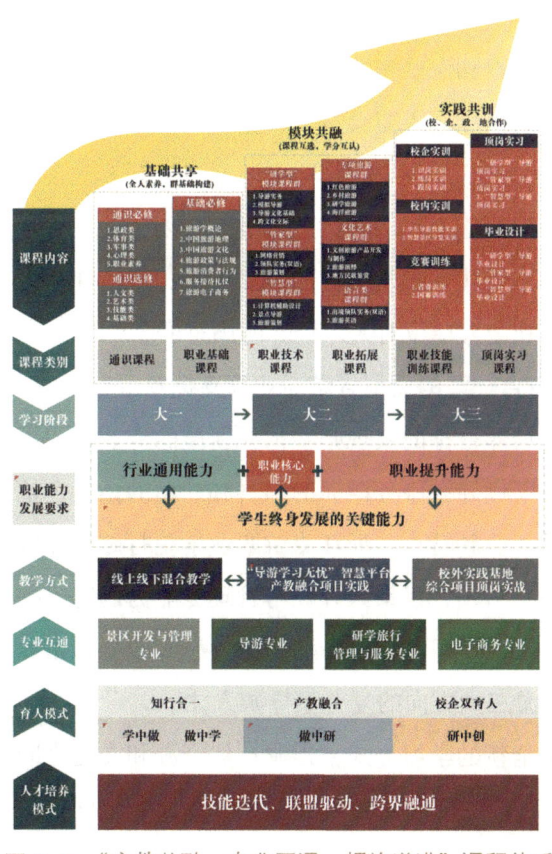

图3-3 "产教共融、专业互通、螺旋递进"课程体系

三、"四维融通"课程体系的完善（2021年至今）

在"产教共融、专业互通、螺旋递进"课程体系的基础上，为了进一步解决课程对全域化、定制化、智慧化、智能化导游人才培养规格支撑不足的问题，导游专业跟进创新了"四维融通：专业融通、岗课融通、书证融通、赛教融通"的课程体系，探索以导游专业为龙头，跨专业建设导游专业群，融合旅游、文化、互联网等产业进行跨界产教融合，解决了人才规格与旅游业转型升级不相适应的问题。

（一）设置"开放式校企联盟"

设置"开放式校企联盟"作为引擎形成人才培养目标"技能迭代动态调整"机制。"开放式校企联盟"是在"开放式教学理念"下创建的校企、校校、校政（地）及"一带一路"开放式育人联盟，是浙江旅游职业学院联合全国各旅游院校、旅游企业、行业协会、地方政府及"一带一路"沿线国家的教育、企业机构合作建立的国际化、立体化、开放式旅游职业教育联盟组织。这是面对旅游新常态变化对创新人才培养模式的积极探索和深度实践。联盟以"人才需求—人才培养—人才助推"为纽带，通过"筛选机制"优选入盟会员；校企协同专业指导委员会统筹联盟工作；创建"四互型"企业制学院开展校企合作育人。通过"开放式校企联盟"推动形成学科专业和人才培养目标"技能迭代动态调整"机制，切实提高旅游人才培养对地方旅游经济发展的适应度；推动建立教学内容的更新机制，推进课程改革；推动教学方法和模式改革，提高学生和用人单位对人才培养的满意度。

（二）构建"四链合一"的新型导游专业群支撑复合型导游人才培养目标的实现

复合型导游人才培养目标的实现必须依托新型的专业群建设。随着旅游新环境和产业链的变化，以及现代导游服务内涵的丰富和外延的拓展，依据导游向上下端服务和远近程服务延伸的产业新特点，浙江旅游职业学院打破专业壁垒，以专业共性为基础，以导游专业为核心引领，以景区开发与管理专业为内容支撑，以电子商务专业及互联网技术为拓展手段，形成"四链合一"的导游专业群，培养包括研学型导游、管家型导游、智慧型导游三大方向的复合型导游人才。

研学旅行是一种全新的学习方式，强调自然资源和文化之间的衔接，只有导游具有较高的专业能力，才能妥善地处理好自然资源和文化之间的关系。因此，培养研学型导游的重点是强化文化知识的宽度与深度，对讲解的艺术性要求也有进一步的提升。

定制旅游及小众化旅游业务的发展提升了游客对于个性化服务的需求，管家型导游的培养以具有旅游产品定制及跟踪服务为核心能力。学生经过专业学习将拥有较强的语言转换能力和产品沟通能力，并且能依托线上线下多种渠道提供从旅游咨询、产品定制、行程安排到导游服务、售后的全过程、个性化旅行管家服务。

互联网与现代科技的发展为旅游提供了先进的智慧媒介和智慧工具。智慧型导游的培养就是应对这一发展趋势对于导游智能终端操作能力和创新能力以及通过互联网进行导游导览服务的技术和能力的要求。

（三）构建"四维融通：专业融通、岗课融通、书证融通、赛教融通"的课程体系（图3-4）

图3-4 "四维融通：专业融通、岗课融通、书证融通、赛教融通"的课程体系

1. 专业融通

打破导游专业、智慧景区开发与管理和电子商务、研学旅行管理与服务等专业间的"藩篱"，以专业群为逻辑，架构"通识课程＋平台课程＋模块课程＋拓展课程"

课程体系，使专业间实现知识融通、文旅融合、技能交融。通过进行跨专业融通培养，增强对新职业、新技术人才的适应性培养。

2. 岗课融通

按导游陪同讲解、旅行顾问、营销策划、定制旅游、研学旅行、智能导游、智慧旅游管理等岗位技能及全链式导游服务要求设计课程，使教学内容与岗位标准对接。形成知识素养、能力素质、岗位技术相耦合的课程体系，教学活动与生产过程相统一。近四年，就业率保持在98%以上，99%的学生表示在德育方面得到提升，通用能力达成度为94%。

3. 书证融通

将导游、研学旅行、旅行策划等职业证书及阿里巴巴技能认证系列等企业证书引入教学内容，课程评价与考证结果相关联。同时，在教学内容中引入"1+X"证书标准，充分激发学生活力，为学生掌握多种技能提供有效选择，学生"X"证书获证率超过95%。

4. 赛教融通

设定每年6月为技能节，以10项"课程赛事"对接核心课程教学，"以赛促学、以赛促教"，同时为省赛和国赛做准备，为创业孵化做储备。

四、中高职一体化课程改革与实践（2022年— ）

2022年，专业群受浙江省教育科学研究院委托，牵头浙江省导游专业中高职一体化课程改革重大课题，充分契合导游职业能力分析，对接旅游企业职业岗位能力需求，按照一体设计、进阶培养的原则，构建由公共课程、专业核心课、专业拓展课程与综合实训四大模块组成的课程体系。该体系贯穿"四维融通"理念。专业融通上，应对时代背景，打造融合多专业的研学、电商等跨界模块课程包，实现知识技能跨界；书证融通上，设置对接职业岗位要求、职业技能大赛要求、与职业证书关联的课程包，提升学生获奖率和持证率；课岗融通上，设置的核心、拓展课程及综合实训模块对应培养学生知识素养、能力素质、岗位技术能力；赛教融通上，结合赛事对接课程教学，"以赛促教、以赛促学"。

（一）组建导游专业中高职一体化教师教学创新团队

导游专业中高职一体化教师教学创新团队（图3-5）由浙江旅游职业学院导游专

业牵头，对接省内 4 个地级市的 7 所中职学校，覆盖杭、甬发达地区及淳安、泰顺、柯城等山区 26 个县。30 位成员包括高职教师 19 人、中职教师 6 人、企业兼职教师 5 人。其中教授 5 人、副教授 9 人、副研究员 1 人、高级讲师 2 人、国家一级演员 1 人、企业高管及高级技术人员 5 人；高级职称职务占比 76%，"双师型"占比 96%。导游、旅游管理（经济）专业 16 人，其他覆盖地理、文学、语言、教育、信息技术、艺术、市场营销等学科，既符合现代导游复合型人才培养需要，又能支持中高职一体化培养研究。年龄结构呈稳定增长并重的梯队，45 岁以下 16 人，整体年富力强，职业认同度高。团队协作紧密，65% 的成员组团配合已超过 5 年。

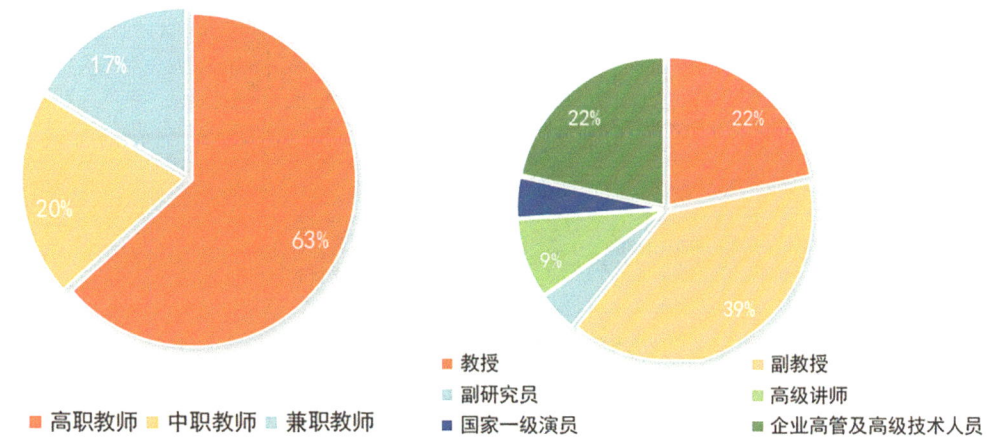

图 3-5　导游专业中高职一体化教师教学创新团队构成

团队由"一体两翼"构成：以导游实务、模拟导游等教师为主体，构成专业核心课程教学组，重点开发导游数字化教学资源和新形态教材；以文学、艺术、教育等学科教师为一翼，重点开发文旅融合、研学旅行、全域旅游等新业态课程；以信息技术、自动化等学科教师为一翼，重点开发智慧旅游、智能导览等新技术课程。团队围绕旅游产业转型升级，坚持立德树人、德技并修，坚持一体设计、衔接贯通，坚持螺旋递进、系统培养，坚持省域统筹、标准引领，通过共同调研人才需求，不断优化一体化人才培养方案，构建中高职衔接递进的课程体系、教材体系和实训体系，从一体化师资团队、一体化专业教学标准、一体化多元课程资源、一体化协同育人模式和一体化社会服务体系五个方面进行建设，并严格实行质量评价和动态调整机制。（图 3-6）

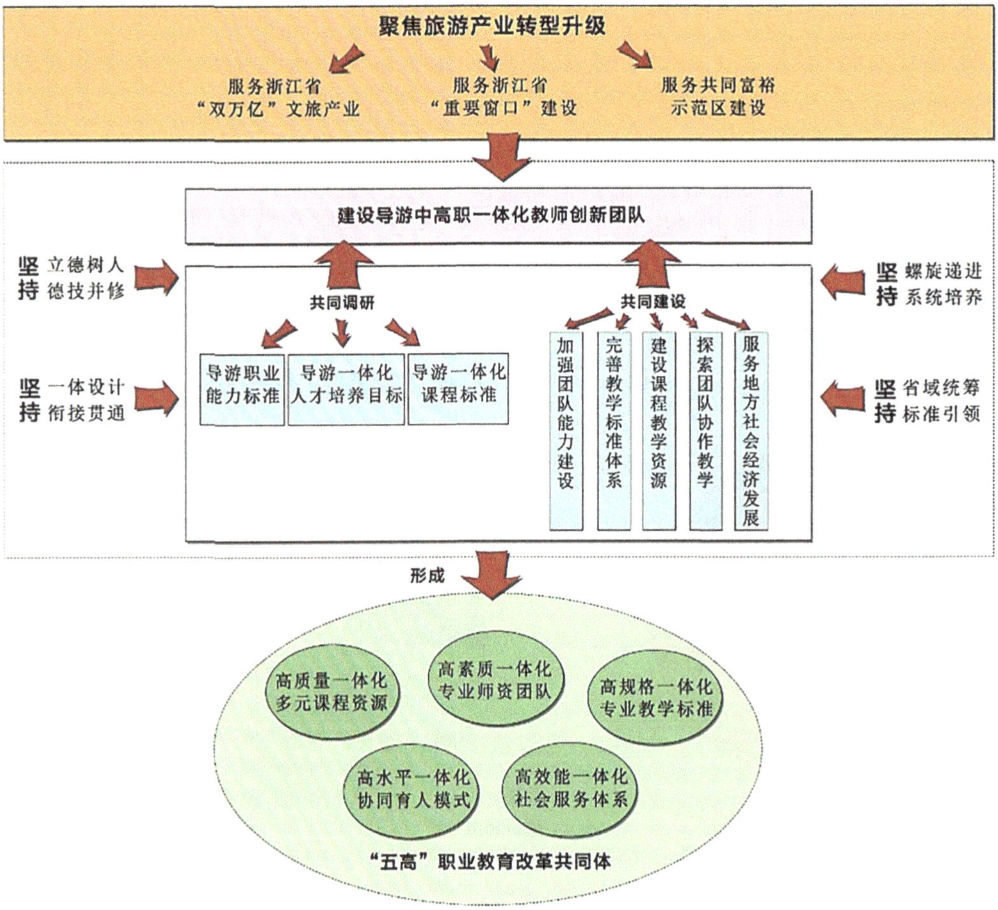

图 3-6 导游专业中高职一体化教师教学创新团队建设思路与定位

（二）中高职一体化课程改革课程体系构架

1. 确定专业核心课程

中职学段一般设置8门左右。包括：旅游接待服务、地方景点导游讲解、旅行社计调业务、服务礼仪与沟通技巧、研学旅行服务、旅游概论、旅游政策与法规、导游文化基础知识等。

高职学段一般设置8门左右。包括：导游服务艺术、导游词创作与讲解、旅游危机处理、旅行产品策划与定制、客户关系管理、旅游市场营销、研学旅行课程设计与实施、旅游文化与审美等。（图 3-7）

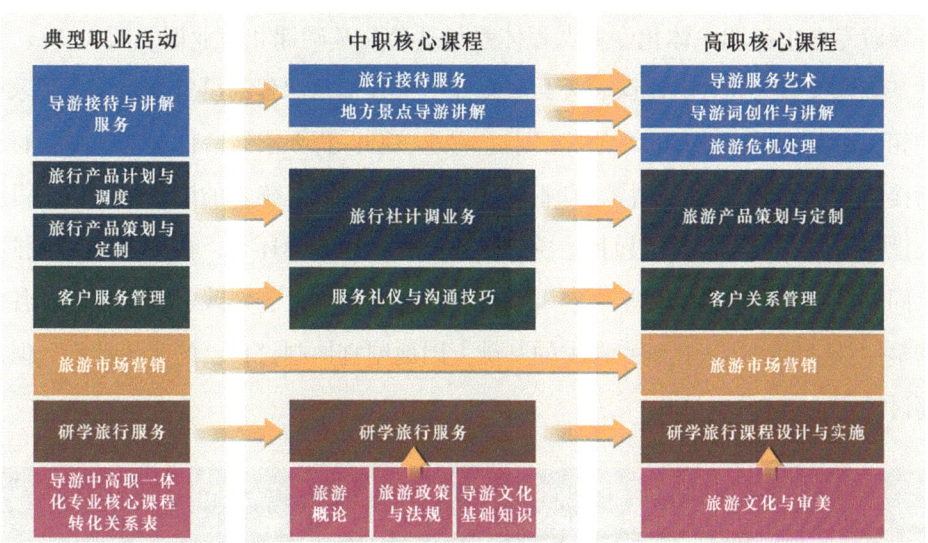

图 3-7 确定专业核心课程

2. 确定专业拓展课程

中职学段包括：旅游服务基础英语、旅游摄影、急救知识与技巧、短视频拍摄与制作等。高职学段包括：旅游英语、领队实务、智慧旅游、中国古建筑与古典园林、英语导游讲解、目的地及客源国概况、中国旅游地理、旅游电子商务、新媒体营销、研学旅行指导师实务、研学旅行营地运营管理等。（图 3-8）

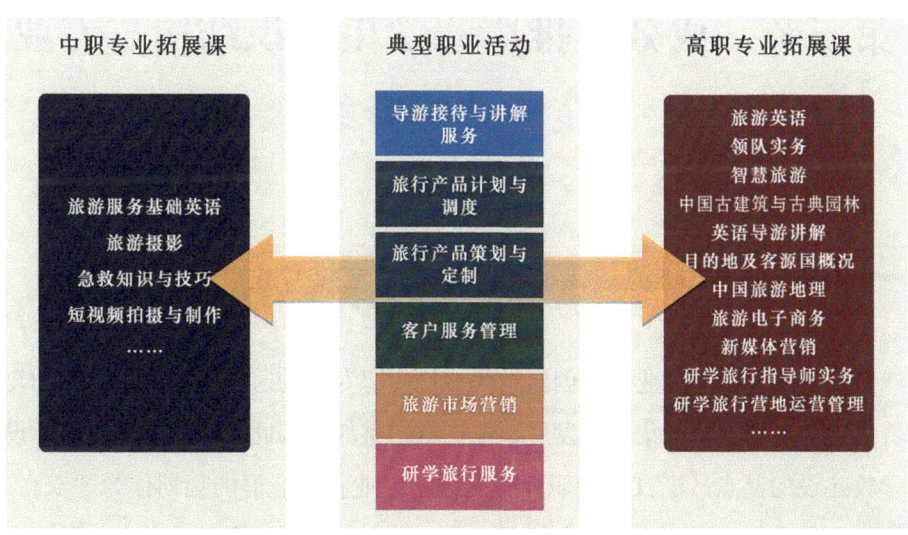

图 3-8 确定专业拓展课程

3. 确定专业课程体系

导游专业中高职一体化专业课程体系包括公共基础课和专业课（图3-9）。其中公共基础课又分为公共必修课和公共选修课，公共基础课程的设置主要参照国家中高职的相关专业教学标准和人才培养要求。专业核心课程要求统一课程、统一教材、统一衔接、统一教法、统一考核。专业拓展课程除课程转化确定的课程外，各校可根据所长设置校本特色模块课程和其他模块课程。实践性教学环节，在具体实施安排上秉持求同存异的原则，课程教学、赛事实训、毕业设计、社会实践、岗位实习，各校可根据整体教学标准要求在统一要求的基础上因地制宜地制订自己的实施计划，但需统一商讨确定。

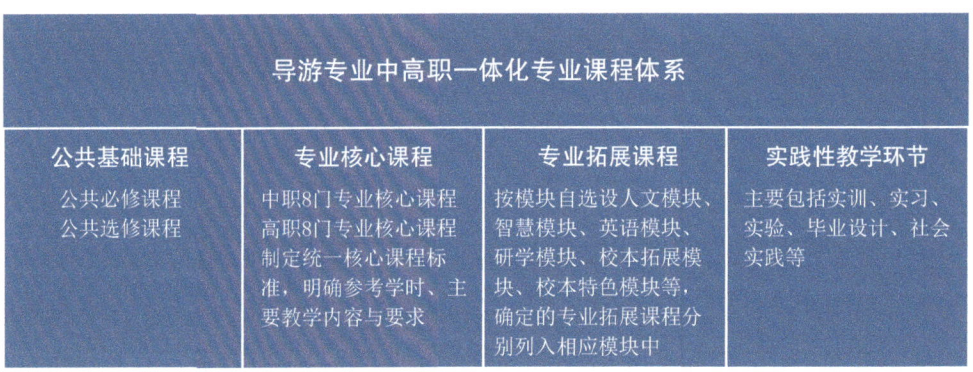

图 3-9　确定专业课程体系

第三节　成效与推广：学生知识结构与专业技能的同升级

一、以专业群思维重塑课程结构，引领全校专业群改革

产业数字化、数字产业化的创新迭代，使高职专业的适应性和人才培养的复合性面临着更高的要求，唯有集群化发展，才能应对挑战，因此，高质量专业群建设是高质量学校建设的基点。浙江旅游职业学院导游专业将专业群的规划作为"双高计划"建设规划的首要之举，面向旅游业的新发展，结合浙江经济发展的需求和导游专业发

展的实际，确立了新的专业群布局，重塑了导游专业的课程结构并引领了全校专业群改革，为未来较长一段时间内高职院校导游专业课程改革发展提供了范例。

二、以跨界思维重塑知识结构，专业群平台课、模块课、拓展课突出融合、跨界

当今旅游者需求变化和产业转型所需的知识结构多元融合、能力结构跨界复合、综合素养系统全面的新导游人才供给不相对称。浙江旅游职业学院导游专业在校生达1600多人，是国内规模最大的导游专业，多年来致力于探索"技能迭代、跨界融通"的培养模式，在解决"互联网+旅游"时代导游人才规格问题，解决课程内容与文旅融合型、智慧型新导游技术脱节问题，在不断增强导游人才培养的适应性教育方面做出了大胆的创新，使学生在知识结构与技能的提升上与产业发展协同升级。

三、以技能迭代思维设计实践教学，毕业生深受用人单位好评

"迭代"原本是数学和计算机学科中出现的词汇，指的是重复反馈过程的活动，其目的通常是逼近所需目标或结果。浙江旅游职业学院以"技能迭代"的思维设计实践教学切实契合了现代导游人才培养的具体路径。需求是在实践中发现迭代跟进的，技能迭代紧跟需求迭代。随着产业需求变化，不断设置符合需求的新的专业方向或特制订单班。需求增大，培养人数扩大；需求减小，培养人数减少；需求迭代，技能培养迭代。同时，根据学生的个性特征，让其不断试错、不断调整、不断精进，找到适合其发展的关键技能与复合技能，从而提升其从业关键竞争力及复合职业拓展能力，解决导游人才供给侧结构性矛盾问题。2020年与2021年用人单位满意度分别为99.61%和96%。

四、依托"双高"建设，开展师资培训，成效推广全国

近年来，浙江旅游职业学院导游专业借助入选教育部"双师型"教师培养培训基地与全国研学旅行指导师培训基地，成功举办国家及省级师资培训19期。其中，由中国旅游协会旅游教育分会主办、浙江旅游职业学院承办的"2021年全国旅游职业

教育数字化转型能力提升师资线上培训班"吸引了来自全国 25 个省市自治区,本科、高职、中职等不同层次的 57 所旅游院校的 100 余名教师参加。由中国旅游协会旅游教育分会主办、浙江旅游职业学院承办的"2022 年全国旅游职业教育专业标准宣贯师资培训班"(线上)共吸引了来自全国 26 个省市自治区,本科、高职、中职等不同层次的 83 所院校的近 200 名教师参加。培训班为旅游院校教师及院校进行旅游职业教育素质化转型提升指明了方向,提供了宝贵的经验,为教师之间经验交流搭建沟通平台,对旅游院校准确把握人才培养目标、科学制订人才培养方案、深化教育教学改革、提高人才培养质量等起到有力的推动作用。

第四章

"虚实结合、多岗递进"实践教学体系创建

第一节 理念与思路：创建"综合素质和职业技能"双提升的实践教学体系

高职教育是以就业为导向的高层次职业准备教育，实践教学是其专业人才培养中极其重要的构成环节。实践教学是指根据不同专业的培养目标，按照工学结合的人才培养模式，以完成一定的工作任务，借助特定的项目训练为主要形式，以鼓励学生主动参与、主动探索、主动思考为基本特征，以掌握相应岗位技能，养成一定的职业态度并以提高职业素养和职业能力为目的的教学。高职教育实践教学具有情境性、全程性、完整性、开放性和工学结合等特征。培养在中国式现代化建设中建功立业的能工巧匠、大国工匠，需要综合素质和职业技能的双提升。

一、坚持育人为本，匠心匠艺育匠才

以培养德技并修的高素质技术技能人才为己任，突出立德树人，以大思政育人格局强化导游专业人才培养，塑造拥有过硬品德的导游专业高素质技术技能人才。在实践教学过程中，强调传授基础知识与培养专业能力并重，强化学生职业素养养成和专业技术积累，将专业精神、职业精神和工匠精神融入人才培养全过程。结合专业教学，加强文化基础教育和中华优秀传统文化教育，坚定文化自信。

教育的根本任务是立德树人。落实到高职教育，就是要培养德艺双馨的"中国工匠"，即具有正确的世界观、人生观和价值观，具有良好的职业精神（尤其是职业道德和职业态度）和高技能的专业人才，而这也是高职教育立身之本的现实需要。工匠精神首先要体现在教师本身，专业教师自身在教学时要精益求精，在业务素质和业务水平的提升上要孜孜不倦。作为高职教育的专业教师，一定要深入行业，在服务行业的过程中发现问题、解决问题，然后通过深入行业一线的理论实践反哺教学。为了更好地对接行业，提升教师的教科研能力，2021年，导游专业群以专业教师为负责人成立了生态文明教育研究所、研学旅行研究所、无障碍旅游研究所、东亚文化之都及"一带一路"文化和旅游研究所、浙江文化和旅游抽样统计研究所、旅游服务数字化转型研究所、旅行服务与管理研究所等7个校级研究所。激励教师将理论与实践相联系，将研究重点放在微观或实操层面，为行业发展提供可操作性的建议和政策咨询服务，为行业急需人才培育提供及时、适时、超前的指导。教师在解决旅游产业发展中地方政府、业界的实际问题的同时，也能在教学中将更开阔的视野、更深层次的思考、更敏锐的创新带给学生。

二、坚持行业引领，技术技能设标准

高职教育以就业为导向，需要把握时代脉搏，坚持"企业需要什么、学校就培养什么""行业需要什么、学校就培养什么"的思路，紧贴市场需求，探索产教融合、校企合作、工学结合等新模式，把专业和课堂建在产业链上，建在行业里，让学校和企业无缝对接，实现"毕业即就业"。在实践教学中通过标准研发和引入已有的产业标准，可以很好地对接企业行业需要，提升实践教学质量。标准制定可以起到示范引领作用。

通过行业标准和专业标准研发引领专业教学与产业发展适时联动，教学改革与岗位需求及时响应；同时，在实践教学中引入与专业群就业岗位职业能力相关的国家标准和行业标准，在国家标准和行业标准的基础上，结合地方特色，开展实践教学创新；开发《旅行策划》《研学旅行课程设计与实施》职业技能等级证书，校企合作开展旅行策划、定制旅行管家服务、研学旅行策划与管理、研学旅行课程设计与实施4项"1+X"技能培训与认证。

三、坚持遵循规律，多岗递进谋发展

着眼于职业可持续发展，遵循职业教育、技术技能人才成长和学生身心发展规律，结合专业就业岗位群的职业能力培养，分阶段、分方向、多岗递进整体设计实践课程体系。按教、学、做一体化，知识、能力和素质培养同步推进，进行导游讲解、旅行定制、旅行策划、研学指导、智能导览等多个技术岗位轮训，进行综合素养→基础能力→专项能力→综合能力→岗位能力的递进式训练，培养学生创新创造能力，达成专业技术迭代递进。

多渠道创造提升学生岗位实践能力的孵化平台，拓宽技术技能人才成长通道，为学生多样化选择、多路径成才搭建"立交桥"。凭借校、政、行、企四方参与的产教联盟创造迭代条件,通过虚拟订单班、行业师徒制、名导名师工作室、赛教练培养机制、学生自主实训平台等多元化方式形成丰富立体的导游人才培养实践教学模式。成立全国导游专业群开放式职教联盟,校、政、行、企共建多元融合的校内实践工厂,以项目派遣和生产性实训为载体,与阿里巴巴、麦扑文创等企业合作构建"多岗递进、技能迭代"的实践教学体系,根据学生的职业成长规律,结合课程教学,强化岗课赛证融合,设置认知实践、仿真实训、岗位实习、管理见习等递进的工学交替实践教学过程(图4-1)。

图4-1 多岗递进的实践教学

四、坚持科技创新,数字技术强助力

借助科技进步,建设现代旅游虚拟仿真实训基地,与科技公司合作研发实践教学软件和实践教学数字平台。通过搭建数字平台,完成实验实训、实习、综合设计、社会实践、创新创业五个实践教学子系统的网络化管理和教学设计,有效对接校、企、师、生四方需求。

现代旅行综合实训中心系现代旅游虚拟仿真实训基地,建筑面积2000余平方米,由虚拟实景演播大厅等组成,通过虚拟仿真技术、模拟实训软件、环幕立体投影系统和具有自主知识产权的新型导游实训教学系统,实现教、学、练、用"四位一体"的现代导游服务技能综合实训。校企合作研发的导游竞赛操作平台升级为"无忧导游"云服务,可以用于岗课赛证一体化教学和服务职业院校技能大赛和行业赛事。

自主开发的"无忧导游"平台运用 Java 语言、GIS、3D 等技术，构建智慧旅游实践育人一站式平台、微信公众号，实现新形态旅游示范教学、赛训一体、互动交流、求职应聘、社会服务等；通过"在线技能大赛""实践实训""线路规划设计"等十大模块，充分发挥智慧旅游技术应用在教学、科研、社会服务上的便捷性和互动性，拓展实践育人空间。《CAM 导游大赛电子评分系统软件》《开放式学生自主实训教学系统》《旅游服务技能赛事管理软件 V1.0》《MUSH UP 导游综合实训云平台》《旅游安全处理规范——VR 实训软件》《游客隐私保护与统计发布系统》《教师请假点名系统软件 V1.0》《实习就业管理平台软件 V1.0》《电子商务订单管理软件》等拥有自主知识产权的实践教学系统研发为"技能迭代、跨界融通"复合型导游人才培养提供了强有力的支撑，实现了实践教学资源开放共享。

第二节 做法与特色："虚实结合＋产教融合"，创新提升学生岗位实践能力的孵化平台

近年来，中央和各级政府教育行政部门、各高等学校十分重视对大学生实践和创新能力的培养。建立与学生创新能力培养相适应的实践教学体系，需要创新实践教学的保障措施，搭建实践平台，通过校内外不同的实践教学场所的培养，达到专业具体的实践能力标准。

一、"校企圈"协同育人——阿里巴巴新旅游人才孵化基地的实践

"校企圈"协同育人是指学院与阿里巴巴、阿里生态圈企业三方按现代学徒制模式培养符合阿里巴巴岗位标准的新型旅游人才。三方共创"新旅游人才孵化基地"品牌，构建"四融通"的课程体系，共建"双师"队伍。

阿里巴巴新旅游人才孵化基地是浙江旅游职业学院与阿里巴巴集团共同创立的校企合作品牌，也是全国唯一的"互联网＋旅游"人才孵化基地。该基地成立于 2020年，前身是成立于 2017 年的飞猪客服满意中心。基地占地约 800 平方米，由生产实践场所（"侠客岛""光明顶"）、培训活动场所（"达摩院"）、"双师"基地（"黑木崖"）和前台组成，学生实践工位 131 个。基地可接入阿里巴巴集团的飞猪、天猫等

业务平台，可开展沟通服务、旅游产品预订、旅游线路设计与运营等岗位的生产实训。每年参与基地生产型实训的学生超过 300 人，包括师徒制阿里巴巴创新班学生、顶岗实习生和课余兼职实习生，受益学生来自以导游专业群为主的全校各个专业。基地先后被评为文化和旅游部职业教育校企合作示范基地、浙江省产教融合校内生产实训基地。

（一）依托阿里飞猪旅行平台，构建现代学徒制"校企圈"协同育人模式基本框架

在旅游产业向数字化、智慧化方向转型升级的背景下，为培养"互联网＋旅游"人才，学院联合阿里巴巴集团，以飞猪旅行平台为依托，共建校内生产性实训基地，组建师徒制创新班，引入阿里青橙学院课程，开展阿里岗位技能认证，共建"双师"队伍。并联合阿里生态圈企业，开展学生分段实习及就业，从而有效打通了人才培养校企协同育人的各个环节，充分发挥阿里巴巴在互联网行业中的引领优势，以及阿里生态圈企业在就业方面的人才需求优势。三方协同育人模式框架如图 4-2 所示，新旅游人才孵化基地的教学与工作场所如图 4-3 所示。

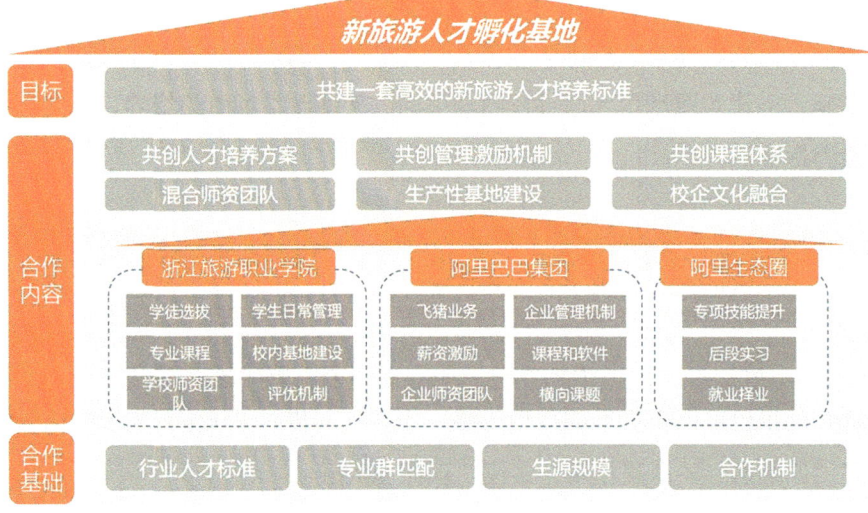

图 4-2　学院、阿里巴巴和阿里生态圈企业三方协同育人模式框架

图 4-3 阿里巴巴新旅游人才孵化基地教学与工作场所

（二）对标阿里巴巴、阿里生态圈企业的岗位要求，革新"四融通"课程体系

按照飞猪旅行平台及其生态圈企业对旅游人才提出的"多维"技能要求，新旅游人才可理解为"旅游+互联网+智慧服务"型人才。为了培养新旅游人才，浙江旅游职业学院组建现代旅行服务专业群，从中选拔学生组建阿里创新班。在课程设计上，对接企业的岗位技能要求，解构课程内容，将毕业证、阿里巴巴认证和行业"1+X"证书相互融合，重构"综合素养课+专业群平台课+专业核心课+青橙学院通识模块课+阿里巴巴定制课"的课程模块。构建了从"专业融通"，到"岗课融通"，到"学训融通"，再到"书证融通"的"四融通"课程体系，如图 4-4 所示。

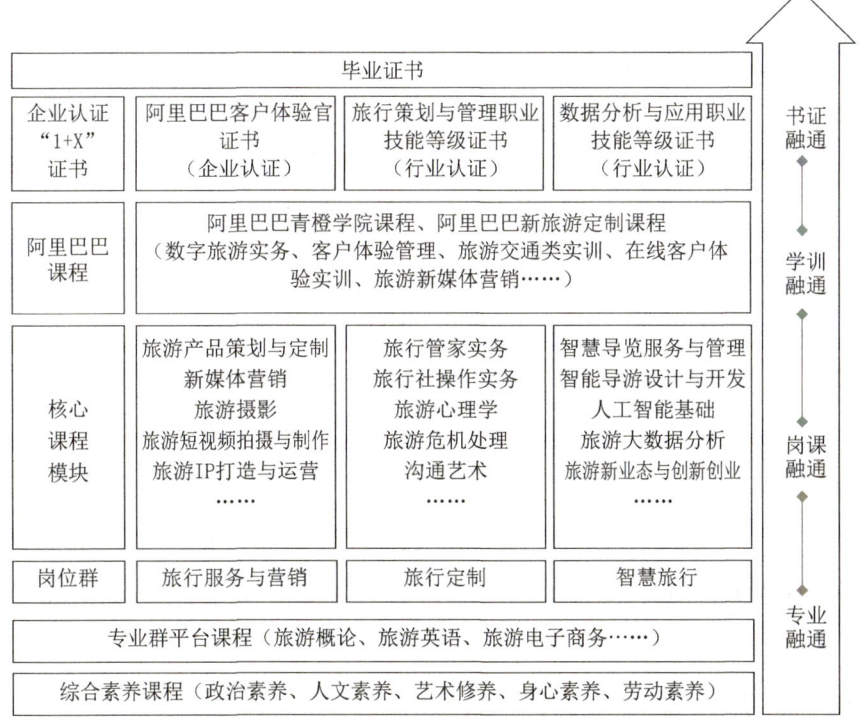

图 4-4 "四融通"课程体系

在教学组织形式上，实行"工学交替、技能递进"式的五阶段交替培养，如图 4-5 所示。第一阶段，以学校课程为主，并灵活安排校内基地识岗实训和"双十一""618"期间的短期基础技能实训；第二阶段，全面接受阿里方课程学习和技能培训，开展机器人模拟练岗，逐步适应岗位环境；第三阶段，利用暑假旅游业务高峰期，开展飞猪平台的试岗实训，并组织参加阿里集团的各项社会实践活动；第四阶段，为顶岗培养阶段，学生在实习导师的带领下，开展飞猪平台相关岗位实习；第五阶段，为阿里认证考核和生态圈企业的技能提升阶段，学生通过认证考试，取得"客户体验官（2段）"等阿里巴巴技能证书。同时，按照个人的技能特长，学生可选择相应的生态圈企业开展第二段实习，确定职业发展规划，无缝对接就业。

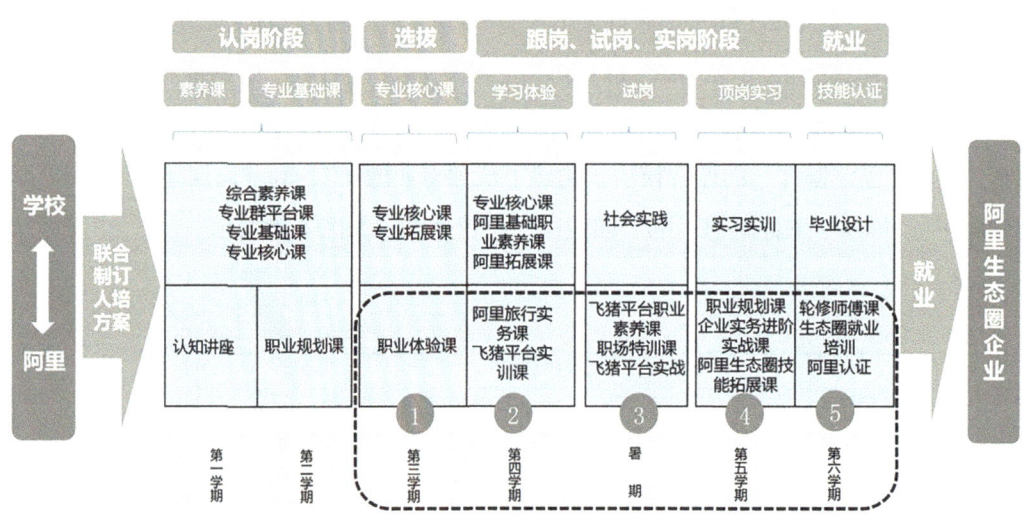

图 4-5　五阶段交替培养过程

（三）融合阿里生态圈，组建"达摩院"校企双师教学团队

学校联合阿里巴巴、生态圈企业组建"双师"教学团队——"达摩院"。"达摩院"教师由专任教师、阿里青橙学院讲师、飞猪业务线讲师、常驻基地业务师傅和阿里生态圈企业师傅共同组成，如图 4-6 所示。学校教师负责基础课、专业群平台课、专业基础课和部分专业核心课程授课；青橙讲师负责职业素养、阿里文化等企业基础性课程授课，飞猪业务讲师负责互联网旅行服务核心技能课程授课，常驻基地业务导师负责学徒实训阶段的技能培训；阿里生态圈企业师傅则负责旅游新媒体营销、旅游产品定制、智慧旅行服务等提升技能的授课和实习指导。

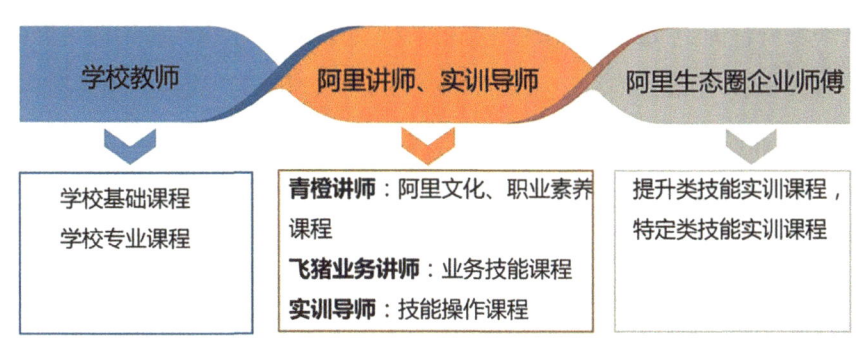

图 4-6 "达摩院"校企"双师"教学团队组成

达摩院建立了"师傅从企业中来，教师到企业中去"的校企协同培养机制。定期开展"双师"提升计划，每年安排青年教师参加阿里巴巴的青橙计划培训项目，了解行业发展前沿，提升业务技能。同时，鼓励和引导教师参与阿里巴巴的各类研究课题，真正把"双师"队伍打造成"能上课，能干活，能研究"的高素质"双师型"教师队伍。达摩院负责每年阿里创新班人才培养方案的修订工作，并与专业群教学指导委员会协同研究制定课程、教材和教学资料。

二、"校生企"平台助力——无忧导游立体化实践教学平台的创新

"校生企"平台助力，是指利用数字技术创新实践教学平台，在产教融合背景下，通过教育链、人才链与产业链的有机衔接，围绕旅游高等职业教育"人才培养、科研创新、社会服务"三大核心任务，依托"双主体"育人教学模式，紧扣专业学生的主要就业岗位群分布，以及对应岗位典型工作任务与工作流程、职业能力要求，搭建高质化无忧导游立体化实践教学平台。通过数字创设生产及管理实践教学环境，深入推进校企密切合作，实现产教融合项目的落地实施；通过推进校企共建共享资源，创新校园授课企业实践的教学模式，融入协同育人的新教学理念，依托企业的实战经验，确保实践实训课程的建设推进，大大提升学校教育教学质量和水平；通过引入智能旅游控制核心技术，支撑、反哺教育教学，解决"旅游＋信息技术"认知抽象模糊和缺乏智慧旅游相关教育科学研究平台的两大现实问题。

平台以致力于面向省、市以及辐射区域相关产业中高层管理人才需求、培养行业前瞻性人才为根本出发点，以提升专业科研创新能力、区域产业链的人才社会服务

能力为重要辅助，强调产教融合、校企合作等职业院校办学思路，促进学校相关专业（群）联动发展，为学校及兄弟院校教师、学生、产业链社会人员创造、提供一流的开放式、共享式、动态式专业实训或培训，为企业、机构、社会搭建高质化的"产、校、研、政"立体化学习平台。

（一）创设生产及管理实践教学环境，保证校企深度合作

无忧导游平台紧扣旅游教育"人才培养、科研创新、社会服务"三大核心任务，依托"双主体"育人教学模式，围绕学生实训管理、赛事管理、科技创新、社会服务等方面，将新旅游人才的专业素养、实践技能、职业素养等方面融入平台的十大功能模块，通过线下师徒结对、双导师管理、过程性评价、终结性考核构建线下主导、线上联动的一站式实践育人服务平台。通过平台实现专业课程对接行业职业岗位，实践标准对接行业职业岗位技能标准；以企业导师任务为主导，依托双主体育人模式，实现新形态旅游人才培养。同时，依托原有校友资源，拓宽校企交流空间，通过免费对外直播培训、实时在线指导等服务旅游从业者，拓宽社会服务能力。

"在线技能大赛"模块为实践实训教学成果创设生产平台。随着"在线技能大赛"模块的正式投入使用，学校专门成立了技能大赛创新创业指导中心，负责统筹组织和指导全校技能大赛工作。校企可联合举办旅游相关的技能比赛，学生根据比赛要求积极参与并上交相关教学作品，比赛设置多层级（如海选、初选、复选、决赛等），并设置每个赛项通过的人数及相应的评委，实现了专门化、专业化管理，为有效推进实践实训工作提供了组织保障，大大提高了校企合作效率。

"线上招聘"模块为校企搭建双向选择桥梁。"线上招聘"模块是通过"互联网+"的技术手段，使用简历数据库或搜索引擎等工具，帮助合作企业完成招聘的过程。满足学校的校招需求，企业可以通过该系统直接从学校招聘各类各层次应届毕业生。线上招聘为学校和企业提供一站式解决方案，为企业未来人才培养提供新方向、新可能。

"实践实训"模块为产教融合项目稳步实施夯实基础。"实践实训"模块是一套管理学生在校实践实训活动的基础平台，梳理并汇总学生在校的实践实训基础数据，便于教师管理学生实践实训全过程。学生在校企合作的各种产教融合项目中进行实践实训活动，将理论运用到各种生产性活动之中。

"导游数据人"模块为管理实践教学创设展示空间。建设以导游数据为基础的数据平台已成为浙江旅游职业学院信息化建设的核心内容。"导游数据人"模块可展示学院历年学生的履历、实践等各类数据信息，有效消除学生信息孤岛，校企各职能部

门可以通过该平台获取学院导游人才数据信息，通过对数据的交换、共享、分析、挖掘，为广大师生提供更加完善的服务，为高校建设以及科学管理提供重要的依据。

（二）推进校企共建共享资源，确保实践实训课程建设

"在线学习培训"模块为普及企业级创新训练项目提供媒介。"在线学习培训"模块以标签、wiki 等技术将资源、学生、教师进行聚合，从而形成自主学习、合作学习所需的知识网和人群网，为学生进行自主的探究式学习提供良好的工具和开放的平台。老师可以上传教学资源、试题资源、作品资源并进行共享，同时，各类资源通过逐级推荐和审核，最终实现校企实践实训教学资源的共建共享。

"毕业设计"模块优化实践实训课程教学水平的评估方式。"毕业设计"模块是一套针对学生实践实训教学课程考评的综合性系统。教师可发布毕业设计选题信息，在线批改学生毕业设计初稿、终稿，评阅打分。学生可选择老师发布的选题信息，在线提交毕业设计初稿、终稿，在线修改毕业设计，在线查看毕业设计成绩。管理员对老师提交的信息进行审核，通知。该系统目的是完成实践性教学最后一个环节，完成教师检验学生综合运用所学理论、知识和技能解决实际问题的能力。

"直播会议"模块提供多地互动直播，拓宽校企交流空间。支持多端用户，实现音视频智能降噪功能，让直播会议沟通更顺畅。满足强大的会议管控功能，保证了会议的有序进行。直播会议可实现在线文档协作、实时屏幕共享、即时文字聊天等功能，也让会议协作更高效。

"交流社区"模块缩短实践实训课程建设意见反馈渠道。交流社区是基于兴趣的主题交流社区。交流社区为用户提供各种综合讨论，用户交流内容涉及实践实训课程，用户可通过意见反馈交流模块反馈课程问题，可发布视频图片文字等内容提供详细的反馈信息，协助学院提高课程的建设质量。

（三）引入智能旅游核心技术，培养新形态人才

构建网站虚拟平台"在线导游"。"在线导游"模块是实景三维智慧景区管理平台，运用专业相机、摄像机对现有场景进行多角度环视拍摄，再进行后期缝合并加载播放程序来完成的三维虚拟展示技术。实景三维在浏览中可由观赏者对图像进行放大、缩小、移动、多角度观看等操作，经过深入的编程后还可实现场景中的热点链接、多场景之间虚拟漫游、雷达方位导航等功能。

创造实战训练模式"线路规划设计"。"线路规划设计"模块利用信息化技术，通过云计算、空间数据库、实景三维 GIS、3D 等技术，集成遥感影像、地形数据、地名数据、景观数据、旅游及其相关信息，对一些旅游资源进行整合，然后为实训对象量身定做，最终提供一个直观、动感、交互性强、信息内容丰富、满足实训需求的旅游线路规划设计平台。

（四）借助科技创新，提升学生专业技能

专业群以科技创新为驱动完善实践实训教学设备设施，夯实企业与学院教育深度融合的基础保障。运用Java语言、GIS、3D等技术，构建智慧旅游实践育人一站式平台、微信公众号，实现新形态旅游示范教学、赛训一体、互动交流、求职应聘、社会服务等。通过"在线技能大赛""实践实训""线路规划设计"等十大模块，充分发挥智慧旅游技术应用在教学、科研、社会服务上的便捷性和互动性，拓展实践育人空间。

在平台使用及管理上，一是根据学生特点，分层分类开展实践教学。依托平台，设置大一平台认知实习、大二技能实践、大三岗位实习、毕业设计等，帮助学生构建虚拟的实践场景。二是根据学生需求，构建多元化实践课程。从摄影到视频剪辑，从导游词撰写到线路设计，从3D技术到三维实景构建……内容非常丰富，有效满足不同学生的需求偏好。三是注重培养学生的自学能力与创新实践能力。通过学生实践作品展示、互动交流等载体，有效提升学生的乐学内生动力、创新能力与专业技能。

图4-7 "导游学习无忧"软件著作权

三、"校企政"项目引领——"匠心匠艺育匠才"社会服务窗口的探索

"校企政"项目引领，是指依托专业建设，组建"双跨界"社会服务型教学团队，以团队建设为契机，组建研究所、全国名导工作室、校企合作教师工作室、学生自主管理的作业团队，对外承接社会服务项目和真实工作任务，通过阶段性的"项目派遣"等形式将企业的工作任务引入教学，从而充分实现灵活的校企合作与机动的工学实训。

学校以专业教师为骨干，组建"双跨界"社会服务型教学团队（图4-8），对外承接社会服务项目；以团队教师为领头羊，组建校企合作教师工作室；以工作室为平台招募选拔专业群学生，参与社会服务。通过项目引入真实工作任务，提升师生社会服务能力和专业技能；通过社会服务，教师可以接触产业前沿，及时关注和了解产业发展动态，参与行业主管部门政策制定，指导企业经营发展，并将所获成长在教学中予以体现，用于教案撰写、教材建设、课堂教学改革和岗课赛证教学创新。同时，教师的专业课程教学也体现在行业服务中，如行业专业赛事策划、组织、辅导、技术文件编制，学生参赛辅导、项目孵化等。

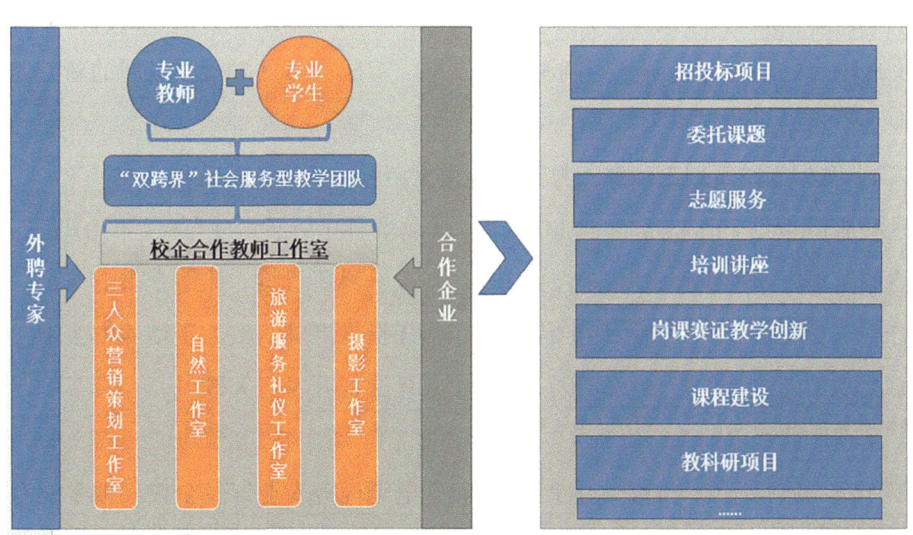

图 4-8 "双跨界"社会服务型教学团队师生成长共同体锻造示意图

（一）导游工学服务部，打造"培训+实训"专业讲解实践平台

导游工学服务部成立于2004年4月，主要为导游专业全体学生提供实践平台，

辅助为其他专业提供实践途径。它的成立使导游专业社会实践活动的组织方式和组队形式更加开放，效率显著提高。经过长期的磨炼与发展，已形成一个目标明确、层次清晰、组织完善、管理有序、规模不断扩大的对学生导游员进行规范化管理的组织机构。导管会不断探索"学以致工，工以致学"的模式，旨在为我院旅行服务与管理学院学生提供社会实践途径，为广大学生提供理论与实践有机结合的巨大平台，从而丰富同学们的实践经验，为今后的导游生涯打下良好的基础。同时，导管会还通过各种渠道努力与社会上多家旅行社企业建立合作关系，真正体现其"桥梁"与"纽带"的作用。

成立至今，导游工学服务部形成了"德清上渚山奇幻谷景区讲解项目组""校园导游服务队""灵隐飞来峰景区讲解项目组""研学项目组""校园礼仪服务"五大项目组，并承接了校内大型毕业生招聘会、实习生招聘会、新生游校园、"3+2"同学游校园，以及旅行社商务接待、国际动漫节接待、杭州西博会接待、钱江新城退休老干部接待、北京拜耳医药公司年会接待、东芝公司宋城行接待、贝因美接待、玫琳凯接待等任务。服务部采用培训加实训相结合的模式，做到了凡有实训必有先导培训，凡有先导培训必有考核，所学必能实践，实践必能对应行业要求。对学生进行规范化培训、组织学习、外派实践，为导游专业学生实践提供了重要平台，从而丰富同学们的实践经验，为今后的导游生涯打下良好的基础。目前，服务部实训、实践内容做到了对应文旅融合、城市深度游、定制游、研学游、节庆游等旅游行业发展的新方向，获得企业、学生的一致好评。

（二）励睿旅游策划工作室，打造无障碍旅游和乡村振兴的实践平台

励睿旅游策划工作室成立于2010年，是学生自主管理的工学实训组织，依托于无障碍旅游研究所。工作室吸纳了来自教育系统、科研机构、旅游企事业单位、残疾人联合会、行业协会等社会团体的优秀人才担任指导老师，致力于培养学生进入无障碍旅游活动策划、乡村旅游线路设计、研学旅行课程开发三大领域，在真实的职业情境中，实现职业素养的综合提升。

工作室以旅行服务与管理学院导游专业、电子商务专业以及全校其他学院专业的学生为招募对象，其中旅行服务与管理学院学生不少于60%，其他学院学生不少于40%，以实现不同专业学生之间的资源共享和交流合作。工作室学生曾获"挑战杯"创业创新大赛产品设计类一等奖、"挑战杯"创业创新大赛社会调研论文一等奖和三等奖、浙江省大学生科技创新项目立项5项、国家旅游局"万名旅游英才计划"实践

项目立项、杭州市十大特色潜力行业旅游产品最佳创意奖、校级营销大赛优胜奖7项、校级旅游产品设计比赛综合优胜奖30多项。工作室师生策划的"修学旅游"产品、"创业旅游"产品、无障碍旅游活动、旅游产品设计大赛、职业情景剧等被《中国旅游报》《浙江日报》《浙江教育报》《钱江晚报》《都市快报》《杭州日报》等逾百家媒体转载报道。工作室校外合作机构逾百家，具有充足的策划项目资源以及行业企业渠道资源。优秀学生将成为新兴旅游市场开发机构的储备人才。

（三）"三人众"营销策划工作室，打造助力地方文旅融合发展的实践平台

"三人众"营销策划工作室成立于2020年，系"双高"建设教师创新团队下设的校企合作教师工作室，由浙江旅游职业学院旅行服务与管理学院和杭州旅游协会导游分会共同建设。工作室主要服务于浙江省地方文旅产业发展，在指导教师团队指导下对外承接社会服务项目，开展真实工作任务实践教学。

工作室面向全校纳新，现有成员涵盖全校17个专业，由赛事服务部、新媒体营销部、项目孵化部三个部门组成。成立至今，成功协办2020年杭州市第六届金牌导游大赛、杭州市西湖区第三届金牌导游大赛、2020年浙江省首届诗路文化带讲解员大赛杭州选拔赛、2021年杭州市第四届景点景区讲解员服务技能大赛、2021年浙江省第二届诗路文化带讲解员大赛杭州选拔赛、2022年杭州市第七届金牌导游大赛、2022年浙江省导游大赛杭州市选拔赛、2022年浙江省导游大赛等行业赛事，以及首届大学生创意旅游营销策划大赛、第二届大学生创意旅游营销策划大赛等大学生技能比赛，得到了主办单位和参赛单位的一致好评。此外，工作室学生在指导教师的带领下，参与了师生助力浙江省旅游业"微改造、精提升"行动、助力山区26县共同富裕项目、杭州市文化广电旅游局的《宋韵杭式生活体验基地、体验点评定》标准起草、杭州市首批非物质文化遗产特色酒店和民宿创建评定与发布活动、杭州市特色休闲示范点品质评定、助力宋韵杭州奇妙夜等服务地方文旅产业发展的工作。通过项目引领、现场教学，使得具有共同愿景的师生在社会服务的团体情景中有效互动，促进师生共同成长。实践教学成果也成功转化为《旅游市场营销》《旅游服务礼仪》《旅游电子商务》《电子商务视觉设计》《旅游美学》等课程的在线课程建设、教材、案例、资源库建设及学生的参赛作品和浙江省大学生科技创新项目。

第三节 成效与推广：工学结合、知行合一，构筑中国智慧的高水平实践教学体系

导游专业"虚实结合、多岗递进"实践教学体系的构建，以就业为导向、以育人为根本，结合行业企业用人需求，围绕专业人才培养目标，在制订教学计划时，通过合理的课程设置和各个实践教学环节实验、实习、实训、课程设计、毕业设计、创新制作、社会实践等的合理配置，建立起与理论教学体系相辅相成的教学内容体系，并且着重对实践教学活动的目标、内容、管理和条件等要素进行有机重组，打造教学理念和教学目标、培养方案和课程体系、教学模式和环境支撑、管理机构和制度建设"四维一体"的高水平实践教学体系。

一、创新产教融合办学机制

探索建立产业学院、生产性实训基地、国家示范性职业教育集团、协同创新中心四种产教融合办学形式，不断拓展行业企业参与办学的途径，积极推进产教协同育人。与旅游头部企业合作开展现代学徒制试点验收，与乌镇旅游股份有限公司共建浙江省产教融合型试点企业，实现浙江省首批产教融合"五个一批"建设项目全覆盖，形成了教育和产业良性互动发展的新格局。以"多元融合""多岗递进"实践教学模式为核心培养复合型旅游人才，实现教学与实践零距离、学生毕业与岗位工作零过渡。

一是不断深化现代学徒制。与众信旅游、阿里飞猪、中青旅等旅游行业头部企业合作成立现代学徒制班，校企共同制订人才培养方案，及时把行业的新规范、新技术和新理念纳入教学中，选聘行业企业高级技术人员担任团队产业导师，通过工学交替有效提升学生的实践技能。

二是深入开展生产性实训。依托省级产教融合校内实习实训基地，学生参与校内阿里巴巴新旅游人才孵化基地、麦扑智慧旅游产业学院等生产性项目，开展线路设计、智慧导览等旅行服务岗位的学习和实践，切实提升学生的旅行服务专项技能。每年组建两个阿里巴巴师徒制创新班，招收学员 90 余名，常驻企业教师 5 人，基地每

年的商品交易总额超过 3 亿元。学生已助力 94 个村庄成功创建省 AAA 级旅游景区村庄，2020 年获浙江省大学生乡村振兴创意大赛金奖。在 2021 年"互联网+"大学生创新创业大赛中，由阿里创新班学生为主组成的团队获得了省赛金奖。2021 届 80 名阿里创新班的毕业生全部取得了企业技能认证证书，25 位名同学进入阿里巴巴集团旗下公司就业，50 余位同学在阿里巴巴生态圈企业就业，就业对口率高达 93.75%。

三是全面搭建校外实践平台。成立校企合作工作室、学院"导管会"实践平台等，开展浙东踩线、华东踩线等校外实践，通过讲解接待、营销策划、旅行管家、线路设计与定制等岗位的实战，有效提升导游职业素养和技能。

四是建设一流的校内外实训实习基地。根据产业发展的用人新需求，将原中央财政支持的导游"四位一体"实训中心升级改造成现代旅行实训中心；建立校企合作长效机制，与多家旅游头部企业组建产业学院、生产基地、名导工作室，开展现代学徒制和订单式培养；建立多元、开放的实训基地合作及筛选方案；建成包括旅行社、互联网旅游等行业头部企业实训基地 160 余家，分布在中国澳门及阿联酋等地的境外实训基地 6 家，课程思政校外实践基地 9 家；形成了校、企、师、生四级教学质量评价反馈机制、实训平台共建机制和师资共同培养机制等。

二、开发校企合作技术技能平台

学校以"无忧导游"产教融合智慧平台和现代旅行协同创新中心为两翼助力学生实现自主泛在学习；完成"无忧导游"PC 端、移动端开发，上线技能大赛、导游直播等 10 余个模块，开发数字景点资源 164 个；整合专业群内科研服务机构，建设现代旅行协同创新中心，完成 X 证书、无障碍旅游团体标准、品质旅行社地方标准等技术技能项目开发，赋能创新创业型人才培养。

在"校+生+企"实践实训教育的长效发展模式下，专业群开发的"无忧导游"平台于 2020 年底获得了国家版权局的计算机软件著作权，2021 年初"导游学习无忧"产教融合智慧平台正式上线，经过 1 年左右在旅行服务与管理学院的试运行，截至 2022 年底，平台注册人数已达 6180 人，平台访问量已达 19 万，组织校内比赛 8 场，收集毕业设计、实习报告文稿 2000 多份，举行行业培训班 4 期，400 余家企业，提供就业岗位近 4000 个，大大减少了资源管理成本，提高了资源利用效率。

三、提高师生社会服务能力

以助推文旅产业发展为己任，派出 52 个师生团队服务浙江省乡村旅游"百千万"工程，培训乡村旅游从业人员 1.2 万人次，培训旅游行业员工 14 万人天，关于乡村旅游与职业教育发展的建言获浙江省委书记批示；编撰浙江省文化基因解码工程《文化基因解码及转化利用指导手册》，并在全省推广使用；建设非物质文化遗产和世界文化遗产在线课程 2 门；举办全国旅游类师资培训班、承办各级各类行业赛；对口支援青海柴达木职业技术学院等 5 所中西部院校专业建设；为广西巴马、内蒙古阿尔山等地的研学旅游发展提供智力支持；选派教师赴阿克苏地区文化体育广播电视和旅游局挂职；制定新疆、青海"十四五"文化和旅游发展规划、乡村振兴发展规划等课题研究。展现积极响应国家乡村振兴战略和浙江省共同富裕示范区建设的责任担当。通过实践指导帮扶和参与，教师的业务能力、责任意识、"三农"情感得到了极大增强，学校连续四年荣获全国高职院校"服务贡献 50 强"，成为浙江省高校助力乡村振兴联盟副理事长单位。

学校成功牵头申报研学旅行管理与服务、定制旅行管理与服务、智慧旅游技术应用 3 个新专业；研制教育部"定制旅游行业人才供需匹配分析谱系图"，为确定旅游新型人才培养规格及相关专业在全国的布局奠定扎实基础。专业教师参与及主持制定专业标准及行业标准共 27 项，其中与专业实践教学密切相关的主要有：制定教育部《智慧旅游技术应用》专业教学标准、《高等职业学校导游专业顶岗实习标准》及《定制旅游行业人才供需匹配分析谱系图》；承担全国旅游行业首个团体标准 T/CATS 001—2019《研学旅行指导师（中小学）专业标准》；主持起草国家行业标准 LB/T 032—2014《旅游类专业学生旅行社实习规范》，获 2021 年第一批文化和旅游行业标准立项项目"旅游类专业学生旅行社实习规范"等；主持起草浙江省地方标准 DB33/T 719—2021《品质旅行社评价规范》、DB33/T 2133—2018《旅行社窗口服务规范》、T/ZAS 4007—2020《旅游汉语课程设置规范》，杭州市地方标准 DB 3301/T 0311.1—2020《特色休闲示范点品质评定》、DB3301/T 0391—2022《非物质文化遗产特色酒店和民宿评价规范》、DB3301/T 0362—2022《旅游无障碍环境评价指标》；主持起草团体标准 T/CAS 557—2021《无障碍旅游服务机构评价规范 饭店》、T/CAS 556—2021《无障碍旅游服务机构评价规范 旅行社》等。

四、扩大专业示范效应

专业在校企合作方面的创新与实践受到《中国教育报》《中国旅游报》等媒体的专题报道,并得到新华网、中新网、浙江电视台、《浙江日报》等多家媒体关注。在同类专业中,率先通过联合国世界旅游组织旅游教育质量认证,2015年来在全国同类专业竞争力的排名均为第一,入选教育部全国职业院校旅游类示范专业和国家优质校特色专业,2019年入选国家"双高计划",是全国唯一入选的导游专业群的核心专业。制定《导游专业建设规范》《导游专业定顶岗实习标准》等专业规范5项,获全国优秀教材奖、国家规划教材17种;建设成果在全国导游专业群开放式职教联盟成立大会、浙江省数字文旅产业发展高峰论坛等多项全国性、区域性会议上应邀分享;援建柴达木职业技术学院等4所西部院校,向全国80多所院校和10多所境外院校推广经验;设立中俄旅游学院,开展"汉语+导游"教学,4年共培养105名俄罗斯汉语导游人员,输送64名学生赴俄留学,为同类专业国际化办学提供方案。自2010年以来,导游专业学生在导游服务技能竞赛领域先后获省级及以上导游服务技能及相关大赛奖项220余项,获国家旅游局"万名旅游英才计划"项目7项,获奖等级和数量在全国同类院校中均名列前茅。

专业以服务创新为引擎,聚焦产业振兴,聚力平台打造,聚会校地政企,着力培养一批优秀师生、培育一批创新团队、创出一批教改成果、提炼一批典型案例,打造旅游助力浙江共同富裕示范区建设的金名片。聚焦产业振兴,成为高职院校服务地方发展的"排头兵"。积极响应国家乡村振兴和浙江省美丽乡村建设的决策部署,主动参与"服务旅游万亿产业行动计划""万村景区化建设""微改造、精提升"等省重点项目,为全省57个县区提供"一对一"团队指导,连续13年开展送教下乡活动,为全省超过11万人次乡村旅游从业者提供免费专业培训,助力学校连续4年获评全国高等职业院校"服务贡献50强",入选《2021世界旅游联盟——旅游助力乡村振兴案例》。聚力平台打造,成为浙江旅游业高质量发展的智囊团。积极参与中国旅游研究院旅游标准化研究基地、浙江省文化和旅游发展研究院、浙江省文化和旅游智库、浙江省乡村振兴与乡村旅游应用创新中心等10个省级研究平台建设,为县镇编制旅游发展规划,起草发布国家、行业和省级标准,成为文化基因解码、"百县千碗"等省重大文旅科研项目的主力军。聚会校地政企,成为全国旅游职业教育创新服务样板地。近10年，专业举办国家、省级师资培训19期，培训企业员工突破56 000人次；近几年，举行扶智助残活动118场，服务6000多名残障人士；参与援疆项目3项，培训300人；师生积极服务国家多项重大会议、活动，为G20峰会、世界互联网大会、2020年及2023年世界旅游联盟年会、杭州亚运会等承担大量志愿服务，受到外交部及驻华使馆高度赞扬，已打造出了一支展示中国礼仪之邦良好风貌的志愿者队伍；助力学校成为与杭州亚组委签订全面战略合作的唯一高职院校。

第五章

"数字赋能、迭代提升"教学资源开发

教学资源是指服务于教学活动的各种物力、人力和信息资源，是学校教学活动的重要支持。教学资源的有效配置与合理利用是高等教育最核心的环节和最关键的步骤，是提高教育质量与达成人才培养目标不可或缺的基础条件。教学资源建设有效集聚了人、信息资料、工具方法、技术平台、环境条件等要素，内容丰富多彩，形式多种多样，是高等教育质量管理体系的重要组成部分，也是高水平本科教育的支撑载体和条件保障。建设丰富的教学资源能提供给学习者良好的学习环境，有助于师生自主、自为知识建构，优质教学资源的开放共享，会有效提升并有力促进旅游职业教育教学质量。

"职教20条"明确提出，要"健全专业教学资源库，建立共建共享平台的资源认证标准和交易机制，进一步扩大优质资源覆盖面。遴选认定一大批职业教育在线精品课程，建设一大批校企'双元'合作开发的国家规划教材，倡导使用新型活页式、工作手册式教材并配套开发信息化资源"。近年来，浙江旅游职业学院导游专业群主动适应数字化、网络化、智能化深入发展的趋势，积极推进教学资源开发与现代信息技术的深度融合，以职业教育专业教学资源库、在线课程与新形态教材等为抓手，加强数字教学资源建设与应用，变革教学方式方法，推动教学信息化取得长足进展。

第一节　理念与思路：构筑"互联网+"时代教学资源共建共享新模式

一、一体化设计

"一体化设计"是教学资源建设的前提。一体化的含义是指各部分或诸要素在发展中趋于统一，进而整合为一个协调整体的过程，其核心特征是内部要素的非同质性。一体化的实质在于优化整合，在于互相补充和错位发展。因此，要以师生用户需求为导向，结合专业特点和信息化特征，完善专业人才培养方案，统筹资源建设、平台设计以及共建共享机制的构建，形成整体系统的顶层设计。其总体目标是优化、共建与共享教学资源，避免低水平重复建设，进而实现教学资源优势互补和错位发展。而教学资源的共建共享则是一个有明确指向的有机过程，涉及共建共享目标、主体、内容、方式和途径等组成要素。各要素相互关系、相互作用，形成有效合力，共同推动高校教学资源共建共享过程的有序开展。因此，在开展教育教学资源共建共享过程中，要坚持系统性原则，统筹考虑共建共享涉及的要素以及不同要素之间的内在关系，合理把握共建共享过程的本质规律，稳步推动共建共享的有序开展。

二、结构化建设

"结构化建设"是教学资源建设的重点。资源库的标准化课程要纳入专业人才培养方案、覆盖专业核心课程、展现教学内容与课程体系改革成果、融入思想政治教育与创新创业教育，满足网络学习和线上线下混合教学的需要。教学资源结构化建设是指由教师站在系统的高度，以整体联系为重点，将知识根据其内在的逻辑关系进行统整并形成结构的过程，使学生全面体验并了解数学知识的构成与思维方法的构成，从而建立比较完善的认知结构与思维架构，培养学生的结构化思维，发展文化素养。

三、颗粒化开发

"颗粒化资源"是教学资源建设的基础。信息化教学资源的颗粒化是基于一定的教学目标，围绕若干个知识点或技能点有序重构，具有一定级别的相对完整、稳定的信息化教学资源存在形式。信息化教学资源颗粒化开发主要是为了好用，学生易学、教师易教，是把复杂变为简单的一种转化产出。因此，教学资源的颗粒化开发必须围绕清晰、准确的教学目标，需要教师系统化和结构化地审视课程，对所教授的知识点或技能点进行科学开发、有序重构、合理组合，使得颗粒化的信息化教学资源真正实现教学创新和改革。

四、数字化呈现

随着互联网技术和人工智能的快速发展，网络化、数字化、智能化、个性化、终身化将是职业教育未来发展的主要趋势，"在线课程""混合式教学"已经成为课程教学的新形态。优质数字教学资源是高水平专业建设和课程改革的成果积淀，是信息化教学的基础条件，也是在线课程和新形态教材建设的必备要素，因此，优质数字教学资源的开发与管理对于职业院校而言，是信息化进程中的先导性和基础性工作，具有重要意义。建设并用好数字化教学资源库，既能满足教师创新教学形式的需要和学生对于个性化学习的需求；也能突破教学资源供给的时空局限，借助互联网平台实现优质教学资源的互利共享，为终身学习和学习化社会提供随时、随地、高效、便捷的数字教学资源服务。

五、动态化调整

高职教育教学实践的不断变化，决定了高职教育教学资源研发创新的动态变化。具体表现在两个方面：一是高职教育教学资源的研发创新要随着高职教育教学实践的变化而变化，如研发创新的目标设置、内容确定、方法选择以及策略实施等，都应该体现和符合高职教育教学实践的内在要求。二是高职教育教学资源的共建共享，会随着参与研发创新各主体之间关系的变化而变化。如果各参与主体之间关系紧密，共建过程就会更稳步有序，共享效应也会日渐明显。共享效应的不断提高无疑会促进共建过程的深入开展，进而丰富教育教学资源，推动人才培养水平提升。

第二节　做法与特色："平台创新+生态闭环"，搭建"开放融合"的数字教学资源供给体系

一、以资源库建设为龙头，赋能信息化教学课堂革命

2010年，教育部正式启动职业教育专业教学资源库项目建设，大大丰富职业教育数字教学资源供给，推动信息技术在职业教育专业教学领域的综合应用，并在探索中形成一种资源建设的有效范式，持续引领职业教育优质教学资源开发实践。浙江旅游职业学院导游专业群贯彻落实《国家职业教育改革实施方案》（国发〔2019〕4号，"职教20条"）、教育部《关于印发教育信息化2.0行动计划的通知》（教技〔2018〕6号）等文件精神，在全国旅游职业教育教学指导委员会和全国高等职业院校旅游大类在线开放课程联盟的支持与指导下，由浙江旅游职业学院、太原旅游职业学院与云南

旅游职业学院牵头，联合江西旅游商贸职业学院等 14 所高职、本科院校和蜗牛（北京）、上海华侨城、乌镇旅游、宋城演艺等 9 所著名旅游景区集团和旅游规划设计院，共同建设智慧景区开发与管理专业教学资源库（图 5-1），并于 2019 年 11 月正式立项为国家级资源库建设项目，2022 年顺利通过验收。

资源库以景区开发与管理专业为核心，积极有效辐射旅游大类相关专业，推进以传统景区为载体的文化和旅游融合发展及以乡村旅游景区为代表的全域旅游发展，搭建以"一带一路"沿线省份与沿线国家或地区为服务对象的服务平台，完善素材资源丰富的资源库框架体系，探索共建共享的资源认证标准和交易机制，推广景区专业教学资源库在旅游景区高技能人才培养、骨干师资培训、乡村旅游培训、景区职业技能等级能力证书培训等方面的应用与标准体系的输出，培育以景区专业教学资源库为基础、涵盖"十个共同"的校企深度融合体制机制。截至 2023 年 1 月，智慧景区专业资源库共开设有 1503 门课程，其中标准化课程 38 门，上传各类素材 20 536 个，学习用户数达 177 075 名，使用者来自全国 5000 余个院校、单位或个人，共建共享成效明显。

智慧景区开发与管理专业教学资源库以专业标准体系建设为基础，以旅游类基础通用课程、景区专业核心课程、岗位技术方向与领域课程三个层次的课程模块为主，积极融入课程思政与创新创业理念，适当向创新创业教育课程模块和通识教育课程模块拓展。打造"一库、两馆、三中心、四基地"的系统架构，其中，"一库"即景区开发与管理专业教学资源库；"两馆"即基于景区专业教学资源库，打造美丽中国在线游览馆和旅游资源数字馆；"三中心"即形成专业级资源中心、课程级资源中心、素材级资源中心三大中心；"四基地"即基于景区专业教学资源库，打造旅游景区职业技能证书认证基地、旅游景区骨干教师培训基地、乡村旅游（新型职业农民）培训基地、美丽中国形象与故事传播基地。

在建设过程中，资源库建设以应用和需求为导向，重点构建三大专业标准体系：一是以《高等院校景区开发与管理专业教学标准》为基础，共同研发景区专业课程标准、实践实训标准、顶岗实习标准、职业技能证书标准，形成景区专业自身建设的标准体系；二是形成景区专业教学资源库的建设标准，包括但不限于资源建设标准、资源素材命名标准、资源课程审核标准等；三是全面吸收旅游景区行业企业及涉旅相关国家标准或行业标准，全面指导专业建设与课程体系建设。同时，以标准化课程建设为目标，坚持课程思政改革方向，有机融入创新创业元素，重点建设四大系列课程：一是重点推进《景区服务与管理》《旅游资源调查与评价》等 8 门专业核心课程的建设；二是逐步推进《旅游标准知识》《旅游概论》等9门旅游大类或景区专业的专业基础课程；三是有序推进景区岗位选修课程和彰显各地特色的地方性课程；四是开发景区服务管理、景区营销策划、乡村旅游创新创业等主题培训课程。

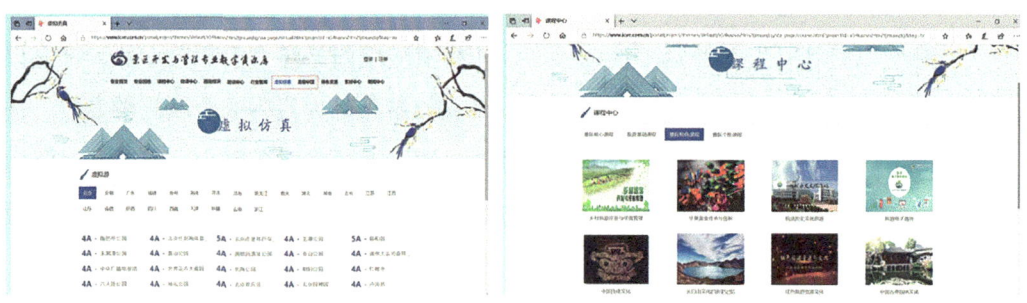

图 5-1　智慧景区开发与管理专业国家级教学资源库

三年来，智慧景区专业资源库建设团队在专业建设、师资建设、课程建设、学术科研、学生比赛和社会服务等方面取得了累累硕果，包括浙江旅游职业学院智慧景区开发与管理专业通过 UNWTO 认证并入选国家级专业群建设项目、两个合作项目入选全国旅游职业教育教学指导委员会校企深度合作示范项目、三所院校入选国家级职业教育教师教学创新团队、顺利举办多次"智慧景区专业师资培训班"和"疫情防控背景下旅游景区转型升级专题培训班"等。资源库建设期间，6门课程被公示为国家级职业教育精品在线课程；19门课程被确定为省级精品在线开放课程；6本国家"十三五"规划教材和10本新形态教材出版；22个省部级及以上课题立项；15篇论文在核心期刊和重要报刊上发表；荣获20个省级及以上的教师教学技能比赛奖项和118个省级及以上学生技能比赛奖项等。景区资源库充分利用全国旅游职业教育教学指导委员会景区开发与管理专业委员会平台，扩大了全国覆盖面；分别通过官方网站、微信公众号、职教云 App 等终端，实现"时时可学习、人人能学习"的有利局面。

无论在素材资源数量、质量与类型方面，还是在课程建设与应用推广方面，智慧景区专业资源库都体现出鲜明的时代性、典型性、示范性、创新性和可推广性特征，为推进"资源中心"向"学习中心""使用中心"的转变，探索出了职业教育改革发展之路。

二、以教材建设为纽带，满足师生多样化、个性化教学需求

教材历来是教学内容的关键载体、教学活动的基本媒介、教学评价的主要依据，高水平教材是课程教学的重要支撑条件。同时也是学生获取知识、发展能力的重要来源，也是体现国家意志、传承民族文化的重要载体。教材的质量直接影响教学活动的开展，关系到职业教育教学改革的顺利进行。"职教 20 条"明确提出了要促进产教融合校企"双元"育人，为深化"三教"改革指明了方向，要求将"新技术、新工艺、新规范纳入教学标准和教学模式"，建设一大批校企"双元"合作开发的国家规划教材，倡导使用新型活页式、工作手册式教材并配套开发信息化资源，以适应"互联网＋职业教育"发展需求。所谓新形态教材，应该是在内容上贯彻专业教学标准并及时反映产业技术革新，在形式上适应新的教学方式方法和学生新的学习特点，在技术应用上强调媒体融合和在线服务，以充分发挥纸媒和数媒、线上和线下综合优势的教材。

浙江旅游职业学院导游专业群严格落实国家对教材管理工作的要求，以校企合作的方式，开发了一批基于现代导游领域典型工作任务和工作过程的高质量课程，采用"纸质书本＋数字资源"新形态一体化形式，坚持新技术与内容结合、新模式与文化结合，建设了一系列个性鲜明、多元立体、岗学对接的高水平教材。近 5 年，共出版教材 65 本，修订教材 5 本，校企共同开发教材平均每个专业 4 本。

一是积极贯彻课程思政，实现传道传技融合统一。教材编写以习近平新时代中国特色社会主义思想为指导，充分发挥独特的思政优势，润物无声地引导学生扎根中国大地，建立中国文化自信。让祖国壮美的山川入脑入心，基于自然地理唤醒美好山河的国土意识和疆域概念；将璀璨的人文景观、历史文化亮丽地呈现于游客眼中、根植于国人心中、展示于世界面前；将自然地理、人文地理、历史文化，通过导游的充满激情的讲解，传达到每位读者和游客的心坎，唤起爱国意识和家国情怀，讲好"中国故事"，实现传道传技的融合统一。

二是校企"双元"合作开发，组建产教一体双师团队。组建由中职、高职和行业企业专家组成的编写团队，由行业专家负责把行业信息、技术、规范等引入教材；企业专家负责把企业的用人需求标准（包括社会能力、方法能力、专业能力等多方面需求）引入教材；职教课程专家负责把职业教育自身的发展规律，尤其是职教教材的建

设规律引入教材，以保证教材的职业教育特色；职业院校优秀教师重点是根据职业院校学生的特点和实际，对教材的适用性、适宜性等进行把关。真正做到所开发的教材在理念上、结构上、内容上一脉相承、有机衔接，为培养高素质技能人才打下基础。

三是与时俱进合理增减，求"新"、求"实"编写教材内容。依据学校修订的《浙江旅游职业学院教材建设与管理办法》，积极引导教师优先选用新型活页式、工作手册式、新形态教材等新型教材，明确提出"教材须及时修订，原则上三年大修订、每年小修订，根据党的理论创新成果、科学技术最新突破、经济社会和产业升级新动态等，充实新的内容。及时淘汰内容陈旧、缺乏特色或难以修订的教材。"学校联合中国职业技术教育学会智慧旅游职业教育专业委员会、旅游教育出版社抓住新版职业教育专业目录调整契机，联合上海旅游高等专科学校、山东旅游职业学院等院校组织编写"智慧旅游技术应用""民宿管理与运营""定制旅行管理与服务""葡萄酒文化与营销""酒店管理与数字化运营"5套30本教材，并举办新时代旅游专业教材建设暨新教材发布会，这是新版职业教育专业目录发布后国内首次大规模组织、系统化设计、系列化呈现、跨校合作编写的系列教材，切实推进了新版职业教育专业目录旅游专业升级和数字化改造，推动了新时代旅游职业教育高质量发展。

四是围绕"一课一书一空间"，打造立体教学资源生态。在教材编写时，注重结合二维码扫描、口袋电子书等信息化手段呈现教材内容，配套建设以学习者为中心的立体化资源——微课、慕课、教学视频、交互动画、仿真实训、电子教案、课件、试题库等，多元呈现教材形式，丰富教师的教学资源，拓展学生的学习途径。同时，将新技术与线下教学资源、网课资源有效融通，将文旅行业新变化转化为数字化教学资源新要素，将传统岗位场景转化为智慧化应用场景，将学生线下学习和实训过程实时转化为线上共享资源，形成"专业—课程—教学"三层次递进、立体多维的数字教学资源体系。

三、以教学标准迭代为契机，实现课程质量的"阶梯式"提升

教学质量是学校的生命线，提高教学质量的关键在于提高课堂教学质量。而教学标准则是实施课程教学活动与考核的基本依据，也是实现专业人才培养目标和要求的根本保障。优化教学标准是提高教学质量的中心环节，有利于实现课程建设的科学化、专业化管理，进一步提高我校的课程建设水平。浙江旅游职业学院导游专业群的

主要做法如下。

一是牵头制定国家教学标准。紧抓教育部《职业教育专业目录》更新的契机，领衔数字化旅游专业的国家教学标准研发。调研 177 家企业、64 家院校、3 家研究机构、454 名毕业生，召开大型研讨会 3 次、中小型研讨会和座谈会 20 余次，牵头起草完成"智慧景区开发与管理专业""智慧旅游技术应用"国家教学标准，参与开发了"高职本科旅游管理""研学旅行管理与服务""定制旅行管理与服务"3 项国家教学标准；并作为牵头单位，负责教育部导游专业实习标准修订，承担了刚刚纳入新版职业分类大典的研学旅行指导师国家职业技能标准开发研究任务。

研制工作重点围绕文旅行业企业对人才需求的特点、岗位任务所需的职业能力与素养，聚焦相关职业岗位工作群，以岗位需求为导向开展典型任务和能力分析，制定了专业的培养目标和规格要求，构建了新专业课程体系，明确了师资队伍、教学资源等教学基本条件和质量保障。研制完成的教学标准特色鲜明：专业定位精准，符合智慧化旅游业态发展趋势和行业企业需求；具有时代引领性，围绕岗位群开展本专业的系统设计、课程设置和配套的"1+X"证书设置，是高校适应旅游产业和数字化社会发展而设立的新型专业；注重科学系统性，课程体系设置遵循技术技能型人才的成长规律，对接职业标准、职业资格标准；教学模式创新性，加强"教、学、做"一体化，促进知识与技能相结合、理论与实践相统一；注重教育延续性，促进中高职衔接和学生本硕衔接、继续学习通道的建立。

二是严格落实人才培养方案制订与实施机制。每年开展专业人才培养方案制订（修订），发布指导性意见，严格按照方案实施教学活动。制订分为人才需求调研、方案修订研讨、方案起草论证、方案审核定稿四个阶段。各专业面向行业企业、兄弟院校、毕业生、在校生开展广泛调研，在此基础上，由专业指导委员会（行业企业专家、教科研人员、一线教师和学生代表组成）对人才培养方案进行研讨和论证修改，及时将新技术、新工艺、新规范纳入教学标准和教学内容。2020 年，受教育部委托，专业群牵头研制"智慧景区开发与管理"和"智慧旅游技术应用"的专业简介和专业教学标准。

三是常态化举办"说专业（群）、说课标、说课程"教研活动。围绕专业群建设，更好地聚焦教学管理和课程改革，在专业群范围内开展"三说"活动。专业带头人从专业设置、人才培养目标与转型、课程体系改革与重构、师资改革、教学团队与特色创新等专业建设情况进行了重点阐述；任课教师代表围绕承担课程在人才培养体系中的作用、教材和教学参考资料、教学方法和手段、学情及学习方法指导、教学程序设计、教学效果及反思、课程思政改革情况等进行陈述，重点聚焦于诠释老师的教学思想、教学意图和理论依据，不仅说出"教"与"学"的内容，更重要的是要从理论和实践的结合上阐述"为什么要这样教"。各教研室主任则说清楚课程体系、选取这些课程的理由及其内在的逻辑性、师资队伍和实训室建设、课程在专业的定位、课程的培养目标、课程的宏观设计和微观设计、课程的考核方法、课程的相关资源建设、课程的特色与反思等。学校成功举行旅游职业教育数字化转型高峰论坛暨旅游大类新版专业目录、专业标准解读与说课活动，来自全国各地的5位高职院校教师围绕研学旅行课程设计、美食与美酒知识、旅游商品创意、模拟与现场导游、旅游管理信息系统等课程作说课展示，共有领导、专家、教师300余人参加此次活动。

四是全面实行集体备课制度。落实深化"三教"改革，强化"三风"建设，专业群以教研室（课程组）为单位定期开展集体备课活动。通过"备课标、备学生、备资源、备教法"，围绕课程目标组织授课教师集体进行教材研读、学情分析；制订课程教学计划，分解教学任务；研讨审定教学设计、教学课件、讲稿；进行教学反思与评价改进；打磨示范课，分析反思公开课等。并制定集体备课制考核办法，严格考勤制度，提高备课质量，完善集体备课制度考评体系，将教师个人参与集体备课的情况纳入教师个人年度考核。

四、以教学案例征集为抓手，提升教师信息素养与创新能力

教学案例是指课程教学或教育教学活动组织过程中，好的教学设计与技术实施方法、启发性的课堂互动思路和创意、值得推广的软硬件使用技巧以及在授课中发生的有益启发和经历、教育教学活动组织的先进典型案例等。为推进专业群教育教学改革，提升教学质量，充分挖掘教学改革中的典型案例，展示旅游教育教学建设成果，浙江旅游职业学院导游专业群积极开展教学优秀案例征集工作。

一是开展"停课不停学"线上教学案例征集活动。针对新冠疫情对正常课堂教学造成的影响，专业群坚决贯彻落实教育部相关工作部署，积极开展在线教学。组织了"停课不停学"网络教学优秀案例征集、评选工作，共征集评选案例28个，多数案例紧密结合时事，把疫情防控当作最鲜活的教材，将责任与担当融进专业教学中，既加强了学生的思想教育，又让学生学到了专业知识。其中《"导游是什么"——从疫

情中导游人员们的故事开始说起》《"宅家"网课新技能——我为父母当导游，我为课堂添欢笑》《电商人的职业精神——将责任进行到底》《地陪导游服务流程——就餐服务》《观光旅游产品设计核心利益的描述》《旅游从业人员应成为生态文明建设的倡导者、行动者、示范者》《只追英雄不追星——思政进课堂》案例获校级一等奖，1个案例入选浙江省"互联网+教学"优秀案例二等奖。

二是开展课程思政优秀教学微课和教学案例评选。课程思政建设是落实立德树人根本任务的战略举措，也是提高人才培养质量的重要任务。导游专业群坚持以习近平新时代中国特色社会主义思想为指导，以立德树人为根本，鼓励教师在教学中深入挖掘和提炼各类课程所含的价值引领元素，精心设计教学内容和教学方法，创新教育教学载体，实现知识传授、能力培养与价值引领的有机统一，提高课堂教学质量，形成"三全育人"格局。每年面向专业群所有专业征集课程思政优秀教学微课和教学案例，截至目前，已征集案例38个，并在导游专业群资源库页面进行集中展示。其中《看祖国大好河山　品中华人文之美——〈中国旅游地理〉》获文化和旅游部荣誉，《中国旅游地理》获省级荣誉，《旅行管家的定制工作——旅游行程的设计》《中国河流（一）：不尽长江滚滚来！》《韩国国家概况》获校优秀教学微课，《〈旅游产品策划与定制〉课程思政教学案例》《〈电子商务实务〉课程思政教学案例》《〈旅行管家——产品定制〉课程思政教学案例》《〈视频拍摄实务〉课程思政教学案例》获校优秀教学案例，《导游实务——导游讲解的内涵、要求与原则》作为全国12个优秀课程代表在全国文化艺术职业院校和旅游职业院校"学党史　迎百年"课程思政展示活动中进行现场展示。

五、以虚拟仿真资源开发为亮点，推进实践教学数字化转型升级

实践基地建设直接关系到实践教学的质量，关乎高素质专业人才实践能力和创新创业能力的培养。浙江旅游职业学院导游专业群以"聚焦专业，训育并举"为引领，紧密对接优势专业，通过科技赋能，打造训育互促的虚拟仿真实训平台，形成"虚拟仿真+校企合作+文旅融合"的教学模式，开发覆盖教学内容全体系的虚拟仿真实训资源，形成一批以实带虚、以虚助实、虚实结合的虚拟仿真实训平台，打造虚拟仿真实训高地。主要做法如下。

一是建设训育互促的虚拟仿真实训教学平台。聚焦4个专业，建设"五中心一平

台一机构"的现代旅游虚拟仿真实训基地。坚持科学规划实训环境，利用校内原有场地，建设裸眼 3D 区和 cave 区两大实训环境。坚持科技支撑设备配套，配置融合交互式大屏、激光环幕立体投影系统作为展示大屏，VR 配套立体眼镜、Zspace 全息 3D 桌面交互系统等设备。坚持育训并举，依托国家级、校级专业教学资源库，将专业教学内容嵌入课程实训，将 3 个校内实体中心和"云旅游"业态中心对接，实现技能训练与专业教育的相互带动。

二是创新形成虚实结合的实践教学模式。创新形成"虚拟仿真＋校企合作＋文旅融合"的教学模式。从专业群实训核心技能点出发，建设"新西湖十景模拟导游实训资源平台""国家 A 级旅游景区虚拟仿真资源平台"等 3 个模块化资源，结合专业动态调整机制，以实带虚，利用沉浸式场景完成实地仿真讲解、应急事件模拟、出入境流程演练等关键教学环节。以行业企业联合定制教学标准为导向，契合文旅融合行业趋势，为"订单班""现代学徒制"模式的学生构建双主体育人环境，以虚助实，将技能培养与文化素质提高相结合，实现定制式职业培训新模式。

三是开发多维协同的虚拟仿真教学资源。"一次开发，多端使用"，学校致力于开发服务课堂实训教学、学生校内实践活动以及创新创业活动的虚拟仿真实训资源，将一、二、三课堂融会贯通。将虚拟仿真技术运用于思想政治理论教学，建设"红色之旅"展示中心（图 5-2），设计三大数字展馆。由虚拟现实高新技术赋能的教学资源，同理论知识相辅相成，增强思想政治教育的针对性、有效性与感染力。

图 5-2　学校"红色之旅"展示中心

四是建设一支高水平的虚拟仿真教学团队。成立基地建设工作领导小组，从顶层设计出发，把控建设方向，协调资金资源，组织项目实施。制订基地项目计划，配套制订《虚拟仿真实训基地建设实施方案》。组建53人的项目建设团队，从统筹规划、项目设计开发、分模块策划到日常实训教学，全链条任务责任到人。累计组织近百名教师参与专题培训，已培养5位技术应用专业带头人和骨干教师。

第三节　成效与推广：生师互动、教学相长，助推人才培养高质量发展

一、引领教学模式改革，改进教师的"教"

导游专业群"开放融合"数字教学资源供给体系的建设，推动传统线下教学模式逐渐向以学习者为中心的实时交互全新课堂教学模式转变，传递先进教学理念，启发教学思维，有效调动专业群内相关专业教师参与专业教学改革的积极性和主动性。

自"双高"建设以来，专业群教师教学能力提升显著，教学成果十分突出：导游专业和智慧景区开发与管理专业组成的"解读中国古典园林"课程团队获全国职业院校教师教学能力比赛一等奖；浙江省省级高职院校技能大赛教学能力比赛一等奖2项、三等奖1项；智慧景区开发与管理专业入选国家级职业教育教师教学创新团队；"导游文化基础知识"课程获评教育部课程思政示范课程，团队成员获评课程思政教学名师和团队；《中国旅游地理》入选全国旅游职业教育课程思政示范案例；《基于优秀传统文化传承的〈中国古建筑与古典园林〉课程思政体系构建与实践》《基于数字化红色展馆的研学旅行专业课程思政教学研究》获评2022年浙江省省级课程思政教学改革项目；多个课程思政作品入选文化和旅游部2021年全国文化艺术职业院校和旅游职业院校"学党史　迎百年"课程思政展示活动。

二、推进教学应用创新，带动课程的"建"

专业群高度重视教育信息化建设，积极开展教学资源和实践基地的数字化改革，

推动课程建设与信息技术的深度融合，主要取得以下三方面成效。

一是在标志性成果方面，"导游文化基础知识""中国良渚文化""旅游策划""旅游职业礼仪""游遍亚运参赛国"5门课程获评2022年职业教育国家在线精品课程，获奖数量在全国高校排名第35。《中国旅游地理（第二版）》获评首届"全国优秀教材"建设二等奖，获奖教材年均销量达8万册，被成都市现代职业技术学校、石家庄旅游学校、青岛旅游学校、沈阳旅游学校等绝大部分中职院校使用，占全国旅游职业学校学生使用人数的70%，覆盖全国31个省、自治区、直辖市，深受读者好评。《旅游线路设计实务》《中国旅游客源地与目的地概况》入选"十三五"职业教育国家规划教材；《导游文化基础知识》《旅游线路设计实务》获评浙江省普通高校"十三五"新形态教材。

二是在在线课程建设方面，目前，智慧景区专业资源库共开设有1503门课程，其中标准化课程38门，学习用户数达177 075名，使用者来自全国5000余个院校、单位或个人，共建共享成效明显。导游专业群资源库在建课程49门，已开课课程20门，累计开课59期，SPOC课程百余门，各开课平台累计选课达到13万余人次。其中，20门（次）开放课程入选国家智慧教育平台首批推荐课程，其中，1门课程入选国家高等教育智慧教育平台，"导游文化基础知识""导游实务"等19门课程入选国家职业教育智慧教育平台。开展线上线下混合式教学教法改革与应用的课程18门。

三是虚拟仿真实训基地方面，学校现代旅游虚拟仿真实训中心（一期）建成"未来厨房""未来酒店""未来导游""未来景区"4个专业虚拟仿真实训室，1间桌面式一体机公共虚拟仿真实训室，"浙江智慧旅游体验中心"与"红色之旅主题馆"2个虚拟仿真体验中心。全校建有10个模块化类型资源、4个纯虚拟资源。全年共有15个专业28位老师参与虚拟仿真实训资源建设，开发含有虚拟仿真实训资源的教材13种。现代旅游虚拟仿真实训基地入选教育部职业教育示范性虚拟仿真实训基地培育项目。基地精准对接科技发展趋势和旅游类职业教育实训需求，创新形成"平台＋模式＋资源＋团队"四位一体的范式，形成了"无忧导游实训平台"这一面向社会开放的旅游教育产品，虚拟仿真实训课程由16所国内院校共享应用。学校积极推广输出知识成果，俄罗斯国立旅游与服务大学采用了学校"导游实务"这一虚拟仿真实训课程。

三、激发学习方式变革，促进学生的"学"

数字教学资源体系的搭建更好地帮助学生开展自主学习，实现将教学的空间从教室延伸为其他任何地方，把教学时间从课内延伸为课前、课中和课后，学习者可以利用碎片化时间，利用移动终端设备随时按需自主学习。在学习互动的过程中，学生能够自主参与，全面思考，在具体的学习情境中发现问题、解决问题，将学习到的知识举一反三，将熟悉的经验、规则、方法迁移到新的情境中，让学生在新的情境中完成自主建构，使学习深度发生，从而有效提升学习效能。同时，通过动态调整优化学习氛围、学习内容、学习过程、学习评价，撬动课程、教师、文化、制度系统变革，提升了专业群教育教学质量，探索出了一条学生"低负担高质量"的素质教育育人路径，促进学生全面而有个性发展。

2020年、2021年专业群在校生满意度达99.44%、98.36%；学生在全国职业院校技能大赛导游大赛高职组导游服务比赛中获一等奖1项、二等奖3项；连续三年入围中国国际"互联网+"大学生创新创业大赛决赛，并收获1银4铜的佳绩；连续3年成功立项文化和旅游部提质培优行动计划大学生团队实践扶持项目；在浙江省"互联网+"大学生创新创业大赛中共获3金2银1铜；2021年在首届全国大学生乡村振兴创意大赛研学旅行赛中与全国本科院校同台竞技，斩获1金1银；2022年在浙江省大学生乡村振兴大赛中获3金1银2铜，金奖数在全省参赛的所有高校（含本科院校）中并列第二，全省高职院校第一。

第六章

"赛教相融、课证相通"教学方法改革

随着文旅融合和"互联网+旅游"兴起，互联网、虚拟现实、数字化等技术应用日益广泛，旅游行业对专业人才复合能力、综合素质的要求越来越高。岗课赛证融通，本身蕴含着培养职业学校学生复合能力的诉求，学生要在学校期间初步获得企业岗位适应能力、竞争能力和实践操作能力。导游专业群把人才培养过程与行业企业生产过程深度对接，落实校企"双元"育人主体责任，充分提升用人单位在课程建设中的话语权重，邀请企业人员共建课程、教材，切实把岗位职业技能要求结构性融入人才培养的各个环节，推进"多岗迭代、课证共进"式人才培养模式改革，并逐步向全国推广。

第一节　理念与思路：专业课程内容与岗位技能体系共生共长

"岗课赛证"综合育人机制的核心是按照生产实际和岗位需求设计开发课程，开发模块化、系统化的实训课程体系，提升学生实践能力。这一新理念要求高等职业教育的课程对应工作岗位和职业技能证书，从而体现高职教育的社会适应性；课程对应的专业理论知识、教学实训和技能大赛，从而体现高职教育的社会实践性。

浙江旅游职业学院导游专业群通过以岗位工作内容、职业技能、工作职责为课堂教学体系建构的标准和方向，重构多元、立体的活性项目库并以真实作业过程为导向建立实训体系，将"1+X"旅游类职业技能等级证书的获取作为教学效果的评价和检验，通过"岗课赛证"融合推动人才培养质量提升，践行"赛教相融、课证相通"教学方法改革，推动旅游类高技能人才培养。

一、内容重构，以岗建课

岗课赛证融通，需要瞄准企业岗位工作任务，构建新的课程教学内容。

一方面，导游专业群依据旅游企业岗位工作任务确定课程教学内容。一是在校企"双元"育人的基础上，在构建课程教学内容的过程中，进一步贴近旅游企业岗位的实际工作情境和工作任务，做到与企业岗位工作任务高度匹配和统一。二是及时将企业岗位工作中的新技术、新工艺、新规范融入课程教学中。

另一方面，导游专业群对接旅游企业岗位工作实际，构建新的课程实训"多元融合"机制。企业岗位与课程实训的融通，离不开学校与企业在课程实训过程中的"双元"联动。导游专业群积极贯彻落实国家关于全面深化产教融合、校企合作的政策精神和工作要求，改革调整专业课程实训体系，与企业建立起良性互动、协同高效、优质有序的实训机制。成立导游专业群职教联盟，驱动校政行企共建多元融合的校内实训工厂，其中，校企共同投资1905万元建成省级"现代旅游虚拟仿真实训基地"，使实训环境与岗位职业技能迭代要求相匹配。此外，导游专业群将合作企业向定制旅游、研学旅行、互联网旅游等相关企业拓展，如与阿里互联网旅游、麦扑智慧旅游等企业合作共建新旅游人才孵化基地、产业学院，形成导游技能向智慧化、智能化迭代升级的实训平台。建立更加灵活的用人机制，教师入企实训与企业导师入校兼职并举，同时把课程实训延伸至行业一线岗位作业场景，不断拓展学生专业知识学习和实践锻炼的途径，把"学做结合、学做合一"贯穿于课程实训始终。

二、课证融通，以证引课

导游专业群引入旅行策划、电子商务数据分析、研学旅行策划与管理、研学旅行课程设计与实施、定制旅行管家服务等职业技能等级证书，使得专业群内各专业都有直接对口"1+X"证书，学生可以从自身兴趣出发，考取本专业或者专业群内其他专业证书，拓展专业知识，提高就业能力，成为新时代复合型人才。

此外，导游专业群积极与文化和旅游部、旅游行业培训机构合作，共同开发职业技能证书，领先一步，将企业需求、教学所需与培训机构对接，共同推出职业技能等级证书。2019年6月—2021年4月，受中国旅游协会旅游教育分会委托，导游专业群教师团队完成了"1+X"旅行策划职业技能等级标准编制工作并经教育部发布。《旅行策划职业技能等级标准》规定了旅行策划职业技能等级对应的工作领域、工作任务和职业技能要求，适用于旅行策划职业技能培训、考核与评价，相关用人单位的人员聘用、培训与考核。该标准的发布对于促进旅行策划行业的规范性发展，深化复合型导游和旅行策划技能人才的培养培训改革，拓展人才在新兴领域的就业创业本领，均具有十分重要的意义。2022年，受文化和旅游部科技教育司委托，导游专业群教师团队依据《国家职业技能标准编制技术规程》，承担研学旅行指导师国家职业技能标准开发研究任务。作为大众非常关注的研学旅行指导师新职业，该编制通过将对推动相关领域人才培养、职业技能等级认定、行业高质量发展产生深远影响。

通过参与职业技能证书开发，教师可以更好地将课程与证书相结合，将职业技能证书的标准和要求融入教育教学活动，从而优化调整课程教学内容，使学校课程体系与相关证书的引入、培训、考核各环节相适应。另一方面，也是加强学生实践技能训练，实现育训结合、综合育人。这也为导游专业群岗课赛证融通人才培养模式改革提供了强有力的支撑。

基于岗课赛证融通的专业课程教学，本身具有多元化、开放性的特点，需要专业教师构建更加灵活、更加现代、更加系统的教学方法。导游专业群教师以系统性思维科学地分析和组织教学内容模块，努力还原知识技能运用的具体场景，采用小组研究与探索讨论、翻转课堂等灵活的教学方法，广泛运用启发式、探究式、讨论式、参与式等教学方法，促进探究学习、体验学习、具身学习、深度学习、合作学习等良性互动。通过"引岗入课"，充分利用行业头部企业在专业人才培养和评价方面的先进经验和成熟标准，把新技术、新工艺、新规范及时纳入教学，把企业的典型案例及时引入教学，进一步提高人才培养的针对性和适应性。

导游专业群教师积极利用现代信息技术改造课程教学形态，开发适于进行碎片化学习、线上线下混合教学的教学方法，突破时空限制，及时把最新的职业技能大赛信息及企业岗位新技术、新工艺、新标准传授给学生，增强教学实效性。近3年来建设在线课程30余门，其中导游专业群"导游文化基础知识"成功入选国家级课程思政示范课程，"导游文化基础知识""中国良渚文化"被认定为国家级精品在线开放课程。

此外，导游专业群依托导游国家级双高专业和智慧景区开发与管理专业国家级教学资源库，建成了以"无忧导游""虚拟游"等为代表的一批拥有自主知识产权的虚拟仿真实训资源。已完成旅游类虚拟仿真实训软件和平台共计14项，开设含有虚拟仿真实训资源的课程48门，运用虚拟仿真实训技术解决"三高三难"痛点和难点14个，虚拟仿真实训资源支撑导游专业群专业开展实训教学工作，深化产教融合，更好地促进课证融通教学模式创新。

三、赛教相融，以赛促课

导游专业群积极推动赛课融通，通过各类比赛培养学生综合能力，激励学生技能成才。设定每年 6 月为技能节，以"金牌导游"大赛暨省级以上导游服务大赛选拔赛、旅游产品设计大赛、旅游行程规划与实操大赛、旅游创新创业大赛等 10 项"课程赛事"对接"导游文化基础知识""旅游产品策划与定制""智慧导览服务与管理"等核心课程教学，"以赛促学、以赛促教"，同时为省赛和国赛做准备，为创业孵化做储备。

导游专业群实现了以专业课程改革为实践载体和抓手，聚合企业的旅游产品经理岗位资源、课程教学资源、职业技能大赛资源及职业技能等级证书培训与考核资源，建立多元化人才培养评价体系，推动人才培养质量提升的整体目标。近 3 年，导游专业群承办过全国职业院校技能大赛浙江赛区"导游服务"赛项、浙江省职业院校技能大赛高职组赛项、首届全国大学生乡村振兴创意大赛研学旅行赛等大赛。

岗课赛证融通教改模式不断成熟和完善，导游专业群学生参赛获奖成绩也不断取得新突破。导游专业群学生各类国赛、省赛历年获奖数为全省同类专业第一，而且在创业创新大赛方面取得优异成绩。2022 年 11 月，由教育部主办的第八届中国国际"互联网+"大学生创新创业大赛总决赛在重庆举行，导游专业群"行疆科技"项目组代表浙江省进入总决赛，并荣获职教赛道银奖。该项目实施载体为导游专业群师生共创的浙江行疆智慧科技有限公司，作为一家为小微旅行社提供数字化管理服务的公司，独创小微旅行社拼团服务模式，精准专注于将文化植入旅游，造血式赋能小微旅行社产品设计能力，成功搭建行疆 SaaS 服务平台、行疆智慧科技有限公司微信公众号，提升小微旅行社产品交付效率，助推小微旅行社行稳致远，已经取得不俗的市场业绩。

第二节　做法与特色：岗课赛证融通、教学做练一体、德能情智并进

导游专业群根据岗位需求及时更新、动态调整教学内容，把握职业教育产教融合、工学结合的人才培养规律，适应教学改革方向和多元化教学需求，增强了专业核心课程教学方法的针对性、实用性，丰富了岗课赛证融通、教学做练一体、德能情智并进的教改场景。

一、对应岗位技能，重构课程内容

（一）导游陪同讲解岗位的课程内容重构

导游讲解陪同岗位主要面向旅行社企业、旅游景区、各类需要讲解导览服务类的文化旅游机构的导游员、讲解员、向导、陪同人员等职业岗位，主要完成导游服务、讲解导览服务、沿途服务等工作。

对应导游讲解陪同岗位职业技能要求，导游专业群对之前设置"导游实务""导游词创作""模拟导游""华东城市与旅游""沟通艺术"5门课程的内容进行了整合、重构，构建了"导游实务""模拟导游"两个课程模块。其总体设计思路是，将导游讲解陪同岗位工作任务分为导游实务和导游讲解，以工作任务为导向整合课程。通过"导游实务"课程教学使学生牢固掌握导游工作的规范及导游的基本方法和技能；掌握导游服务中常见的问题和事故的处理方法；将"导游词创作""模拟导游""华东城市与旅游""沟通艺术"整合为"模拟导游"课程，该课程分为导游讲解技巧、导游词创作、导游讲解实训3个模块，从而使课程教学资源得到精益化集成式利用。

教学过程中，结合导游资格证书考试、并充分考虑岗位技能的提升，导游专业群每学年均组织华东模拟导游踩线实训活动，通过对真实运营的华东黄金旅游线路的考察和体验，在真实情境下训练学生的导游实务和导游讲解技能。

（二）旅行策划岗位的课程内容重构

旅行策划岗位主要面向旅行社企业、在线旅游运营商、旅游企业的旅游产品经理、旅游定制师、旅游市场拓展专员、旅游供应商管理等职业岗位，主要完成定制旅游产品需求研判、策划创意、产品制作、供应商管理等工作。

对应旅行策划岗位职业技能要求，导游专业群对之前设置的"旅游产品策划与定制""旅行社计调业务""旅行管家"3门课程的内容进行了整合、重构，构建了"旅游产品策划与定制"课程模块。其总体设计思路是，打破以知识传授为主要特征的传统学科模式，转变为以定制旅游产品设计的工作任务为中心组织课程内容，并让学生在完成具体项目的过程中学会完成相应工作任务，同时学习相关理论知识，发展定制旅游产品设计职业能力。

课程内容突出对学生定制旅游产品设计与制作能力的训练，开拓精神和创新素质的培养。理论知识的选取紧紧围绕工作任务完成的需要来进行，同时又充分考虑旅游新业态与"旅游+"新形态下"大旅游"产业发展对理论知识学习的要求，坚持立德树人，注重思想政治教育贯穿教学始终，同时融合了学生综合素质提升、创新创业能力培养、学生可持续发展的要求。项目设计以真实工作任务及其工作过程为线索来进行，依据整合、序化教学载体，组合了定制旅游产品需求研判、策划创意、产品制作、供应商管理四大教学模块，每个教学模块均模拟定制旅游产品设计的业务操作流程。

教学过程中，通过校企合作，校内实训基地建设等多种途径，采取工学结合、课证融合等形式，教学内容与中国旅游协会旅游教育分会开发的《"旅行策划"职业技能等级标准（试行）》紧密结合，建设"旅游产品策划与定制"在线精品课程，充分开发网络学习资源，给学生提供丰富多彩的实践机会。教学效果评价采取过程评价与结果评价相结合的方式，鼓励学生获取中国旅游协会负责培训评价的"1+X"旅行策划职业技能等级证书，参加该证书考试视为参加了本门课程的期末考试。通过理论与实践相结合，重点评价学生的职业能力和综合素质。

（三）研学旅行指导师岗位的课程内容重构

研学旅行指导师主要面向各类研学旅行策划及组织实施机构的研学旅行策划及指导等岗位，主要完成研学旅行组织与实施、研学旅行课程设计等工作。

对应研学旅行指导师岗位职业技能要求，导游专业群在"研学旅行指导师实务""研学旅行课程设计"课程设置之初，以教育与旅游发展、研学旅行与人的发展这两个基本问题为主线，介绍研学旅行指导师的起源形成、概念类型、素质条件，研学旅行课程设计和研学旅行课程实施等内容。在全国中小学生从应试教育向素质教育转变的背景下，帮助学生从整体上了解研学旅行及研学旅行从业者，理解此新载体、新方式和新职业，促进学生观察研学教育现象，思考研学教育问题，发展研学教育思维，提高研学教育素养。使学生了解和掌握有关研学旅行指导师的基本概念，并在头脑中构建完整、合理的知识结构和认知结构，并通过研学教育教学实践活动，加深学生对所学知识的理解，提高学生的研学教育教学技能和能力。

教学过程中，两门课程关联"1+X"研学旅行课程设计与实施、1+X研学旅行策划与管理两个职业技能等级证书。教学效果评价采取过程评价与结果评价相结合的方式，鼓励学生获取职业技能等级证书。为切实提高学生的操作能力，导游专业群每学年均组织学生进入学校、旅行社、基地营地等机构，以研学旅行指导师的身份进行岗位技能实训。

二、引入职业类证书，改革教学方法

（一）基于导游资格证职业技能提升的情境教学法

"导游实务""模拟导游"是与导游资格证考试紧密相关的两门职业技能课程。课程教学团队多年来践行情境教学法，将课程的教学环境延伸至服务一线，让导游专业学生初探导游职业，近距离了解旅游服务行业，从而激发学生对职业岗位的兴趣和热情，提升对导游服务知识的掌握与实际应用能力。导游专业群长年组织实施西湖采风、华东踩线等实训活动，选派专任教师以及行业企业一线知名导游员，从理论和实践维度指导学生实训，树立学生对导游职业的热爱和信心，提升讲解能力、独立工作能力、组织协调能力、随机应变能力和人际交往能力。

西湖采风和华东踩线实训活动实施过程中，教务管理部门与学工管理部门充分联动、高度协同，专业教研室统筹实训活动，在考察线路设计、师资选派、实训环节设置与实训过程管理等方面做出部署，班主任和辅导员全程跟进，召开行前说明会、管理实训团队、宣讲实训纪律，从而保障了实训活动的顺利推进。

（二）基于"'1+X'旅行策划职业技能等级证书"职业技能提升的真实作业过程导向教学法

"旅游产品策划与定制"课程模块教学践行真实作业过程导向教学法。课程模块将《"1+X"旅行策划职业技能等级标准》与课程标准贯通，并采用模块化的教学改革思路，将4个工作领域的教学内容分为了4个模块、12个教学单元，每个教学单元即为一个工作任务，工作任务的具体学习和训练内容依据旅行策划职业技能要求展开。每个教学单元分为必备知识、任务引入、任务分析、知识链接、自主训练与拓展、任务实施、任务评价、思考与练习8个环节。必备知识，阐述了与教学单元中任务实施有关联的基础知识。任务引入，引入企业真实运营的定制旅游产品实例，结合职业技能要求，提出需要完成的学习任务。任务分析，分析完成学习任务需要掌握的知识点和技能点。知识链接，讲解职业技能要求里包含的知识点。自主训练与拓展，对难度较大的职业技能要求进行任务驱动式训练。任务实施，提高学生系统运用知识、提升职业技能的能力。任务评价，对任务实施过程中知识点和技能点的序化进行总结和评价。思考与练习，结合职业技能要求，设计基于职业情境的思考与练习题，供学生自主学习。

2023年2月，导游专业群面向导游专业遴选优质生源，共组建2个旅行策划岗课赛证教学改革实验班，93名学生通过自主报名、面试选拔进入实验班。实验班践行模块式教学，通过导游专业群职教联盟选拔优秀企业师资，专任教师与企业师紧密合作同台授课，充分运用校政行企共建的校内实训工厂，将课程教学、证书培训、技能比赛、岗位实训融会贯通。实验班每周授课课时6课时，充分保障了项目制实训的训练时长，学生或下企业，或在省级"现代旅游虚拟仿真实训基地"通过真实作业情景模拟岗位技能训练，培育出一批适岗能力强、深受企业欢迎的旅行策划人才。

"旅游产品策划与定制"课程由浙江新世界国际旅游股份有限公司、浙江省中青国际旅游有限公司、浙江省中国旅行社集团有限公司等多家知名品牌旅行社企业合作共同开发，多位旅游企业产品经理共同参与旅游产品业务流程的授课以及任务驱动素材的转化，共同参与职业技能大赛的设计与组织实施。企业资源的深度融入，使得学生深刻理解并自觉实践职业精神和职业规范，教师在践行工学结合、任务驱动的教学过程中，有针对性地结合课程思政，培养学生实事求是、开拓创新、团结协作的实践素养和职业精神。

"'1+X'旅行策划职业技能等级证书"配套教材用《旅游产品策划与定制》作为课程教材，实训体系与岗位真实作业过程紧密结合，解决了旅游专业核心课程实训碎片化、形式化的问题。为了构建有效的实训项目管理载体，课程负责人培育了以服务教学为核心驱动的集教、产、学、育、研"五位一体"的工学结合实训组织——励睿旅游策划工作室，面向行业企业承接面向市场的旅游产品策划项目，学生在自主实施项目过程中实现课堂教学理论与社会实践互相触发、共生、反哺，将实训项目活化为动态发展裂变的真实作业过程，实训场景延伸至社会环境，项目作业过程与《旅行策划职业技能等级标准》紧密结合，辅之以项目实训教学效果的形成性评价，整体提升学生的综合技能。作为全国首家旅游助残学生工作室，励睿旅游策划工作室师生依托课程实践教学，推出真实作业过程导向的无障碍旅游产品设计实训活动123场，服务逾万名残障游客出游，并孵化了6项浙江省大学生科技创新项目。

（三）基于研学旅行职业技能提升的跨界融通校企双元教学法

全国研学专业人才的培养刚刚起步，导游专业群践行跨界融通、校企双元教学法，提升学生研学旅行职业技能。学生在校政行企等多元化师资指导下，以年轻人创意的视角及思维，充分挖掘、开发当地特色资源，设计符合青少年成长所需的优质研学旅行的产品，大大增强了学生专业实践能力，真正实现了学以致用。该专业将课堂设置在真实运营的研学旅行基地、营地中，探索高校、政府、乡村、企业共同参与的大学生实践育人模式，通过及时而顺畅的信息沟通机制，逐步勾勒出学生的职业技能成长轨迹。政府和企业持续为学生职业技能提升赋能，深入与学生实训团队沟通，并安排一线策划与服务团队与学生互动，让学生参与研学营地和基地的运营项目。一方面推动各类校企合作型研学营地、基地的发展，另一方面也产出多项学生自主开发的研学旅行课程、研学旅行策划方案等实践成果。

三、"岗课赛证"融通，多赛道发力培养高技能人才

（一）赛为标杆：导游服务技能大赛

2007年以来，学校先后成功承办数十项教育部、浙江省教育厅及行业协会主办的各级各类学生技能竞赛，赛事组织赢得了各级主管部门、参赛院校和专家裁判的一致好评。其中，2013年成功举办首届全国职业院校技能大赛"导游服务"赛项，制定相关赛项规程和技术标准，并实现承办三届国赛零投诉。先后荣获全国旅游职业教育教学指导委员会颁发的"2013年全国职业院校技能大赛高职组导游服务赛事组织工作特殊贡献奖"，全国职业院校技能大赛组织委员会颁发的"2014年全国职业院校技能大赛突出贡献奖""2018年第十届全国旅游院校服务技能（导游服务）大赛突出贡献奖"，4人获"全国职业院校技能大赛优秀工作者"荣誉称号。

导游服务技能赛事的承办，在积累宝贵的办赛经验的同时，更锻炼出了一支"管理有序、服务到位、经验丰富、战斗力强"的办赛团队。在成果转化方面，先后获得"全国职业院校导游技能大赛赛项规程研究"等赛项相关省部级课题5项；形成《导览华夏　星耀舞台——全国职业院校技能大赛高职组导游服务赛项成果展示》3本系列教材以及相关视频资源等一系列竞赛成果，丰富了"双高"导游专业群开放共享型教学资源库，产生了广泛而积极的辐射效果。

2010年以来，导游专业学生在导游服务技能竞赛领域先后获国际奖6项，国赛、省赛一等奖76项、二等奖36项，其中，在教育部全国职业院校技能大赛导游服务赛项比赛中获一等奖12人次、二等奖7人次，获奖等级和数量在全国同类院校中均名列前茅，并培养了吴娜佳、毛丹红等一大批行业工匠人才和行业领军人物。

目前，导游专业群仍然坚持以每年的学生技能文化节为载体，以至少10项"课程赛事"对接核心课程教学，为省赛和国赛做准备，同时也为创新创业作品的孵化做

储备。

专业群以每年的学生技能文化节为载体，以至少 10 项"课程赛事"对接核心课程教学，同时为省赛和国赛做准备，为创新创业作品的孵化做储备。2010—2021 年，学生共获省级以上导游服务技能及相关大赛奖项 220 余项，其中国际奖 8 项、国赛一等奖 28 项、省赛一等奖 52 项。

（二）赛教融通：旅游产品策划与定制"岗课赛证"融通技能大赛

导游专业群以"岗课赛证"融合理念设计了"旅游产品策划与定制"职业技能比赛。该赛项围绕岗位工作内容，以证书标准为基础，教师、企业、培训评价组织三方共同指导，使赛项与社会需求实际、证书标准要求、课堂教学过程融为一体，学生全员参与，赛项结果作为结课评价重要依据，构建了客观的学习评价体系。

课程组教师团队将旅游产品策划职业技能大赛成果融入课程教材，将旅游产品策划技能竞赛成果转化为"旅游产品策划与定制"MOOC（慕课）建设资源，通过竞赛心得整理、竞赛规范整理、理论知识整理、竞赛成果整理、微课视频录制等，将竞赛内容和心得体会融合到慕课资源中，将部分学生受训成果转化为在线化、大众化的教学资源。

此外，还将赛项任务转化设计为教学项目、赛项标准转化完善为教学标准、赛项评价转化为教学评价等，取得了良好效果。截至目前，已与多所兄弟院校举办联赛，促进了全国旅游产品设计类课程教学效果的整体提升。2023 年 1 月，中国旅游协会旅游教育分会发布的年度重点工作安排中，在重点赛项组织方面将主办首届全国大学生旅游产品定制大赛，并由浙江旅游职业学院旅行服务与管理学院承办。

（三）赛训一体：研学旅行创意技能大赛

导游专业群研学旅行管理与服务专业自设立以来，便积极践行赛训一体教学改革模式，承办多项研学旅行赛事。其中，全国大学生乡村振兴创意大赛研学旅行赛（以下简称"研学旅行赛"）具有广泛的社会影响力，该赛事是高校、政府、乡村、企业共同参与举办的浙江省 A 类学科竞赛，是高校服务乡村振兴的重要赛事。研学旅行赛采用"乡村出题＋高校答卷＋成果落地"竞赛模式，以解决实际问题为导向，真题真做，通过以赛促学，架起乡村与高校的桥梁，搭建乡村振兴与青年智慧的平台，引导高校师生们带着课题与项目深入乡村，运用创意思维，释放创意能量，挖掘、盘活乡村研学资源，以实际行动助推乡村农文旅融合发展。研学旅行赛以真实的乡村环境为研学旅行建设实践区，要求参赛团队从研学课程设计、研学线路设计或研学空间设计方面着力,根据乡村研学旅行资源历史与现状,从生态环保、励志拓展、劳动教育、民俗传承、科普体验5个选题方向着手,为小学、初中、高中设计先导、参观、体验、交流、研究、分享等不同阶段的标准化研学主题课程,促进中小学生开阔视野、丰富知识、了解社会、亲近自然、参与体验,身心得到全面发展。研学旅行赛一经推出即获得全国多个高校的积极响应,吸引了178所高校的477支团队参赛,遍及大江南北,最终决出32个各类奖项。

导游专业群探索出了以赛促教、以赛育人的高校、政府、企业共同参与的大学生实践育人模式,激活了大学生学术创业热情与创新能力,使大学生找到产学结合的实践新平台。同时通过大赛将智力资源带入行业企业,为行业企业增强持续盈利能力、实现产业兴旺打通新通道。

第三节　成效与推广:技能适配推动"产赛教"三方联动

一、教材建设成果丰硕

岗课赛证融通既丰富了教材内容,同时也加大了建设新型优质教材的难度。学校于2021年度出台了《浙江旅游职业学院教材建设与管理办法》,重点支持建设"岗课赛证"融通教材。导游专业群通过深化校企合作,加强学校教材建设与企业的协同联动,对照企业岗位的工作内容、工作规范、工作标准开发活页式、工作手册式教材,并及时对常规专业教材内容进行更新,保障教材内容与企业岗位工作需求的高度匹配。此外,加强与兄弟院校、行业组织、职业教育培训评价组织等主体的合作,及时将职业技能大赛比赛项目、职业技能等级证书考核中涵盖的技术技能内容融入专业教材,将新技术、新工艺、新规范融入教材中,丰富教材内容。

教材建设改革硕果累累,2021年,导游专业群教师芦爱英主编的教材《中国旅游地理(第二版)》在由国家教材委员会主办、教育部承办的教材领域最高奖项——全国优秀教材奖中获职业教育与继续教育类二等奖。研学旅行管理与服务专业教师邓德智主编了与"研学旅行课程设计与实施职业技能等级证书"配套的教材《研学旅行课程设计与实施》。导游专业教师黄宝辉主编了"1+X 旅行策划职业技能等级证书配套教材（初、中级）"，教材体现新形态一体化的融合创新，选取颗粒化教学资源构建多媒体资源二维码，支持移动终端即时互动式学习；配有在线开放课程，丰富新形态一体化教学的在线课程资源，依托互联网技术，引导教师开展多元融合教学改革创新。两本教材已经被 100 多所院校采用，销量 17 000 多册，推动了 50 多所学校旅游产品设计类课程岗课赛证融通教学改革。同时她主编的《旅游线路设计实务》也涵盖了旅行策划职业技能等级证书相关内容，该教材为"十二五""十三五"职业教育国家规划教材，也是新形态教材、校企合作开发教材。

二、课程建设典型引领

导游专业群推出的"导游文化基础知识"是国家级精品课程、教育部首批继续教育课程思政示范课程。该课程依托浙江旅游职业学院入选国家"双高计划"的导游专业群的引领优势，发挥国家级专业资源库和全国导游专业群开放式职教联盟、全国导游服务专业"双师型"教师培养培训基地、浙江旅游培训中心等平台优势，融入旅游业"讲好中国故事、增强文化自信、展现中国形象"的高标准，以行企校合作、任务引领、德技并修为路径，深度挖掘文化内涵、美学价值、中华文化等思政元素的一门资源共享型行业培训精品课程。课程负责人范平副教授带队获得全国高职院校教师教学能力比赛一等奖。课程组成员有浙江省文旅厅专家组成员陈萍萍教授、全国旅游教育名师芦爱英教授、文化和旅游部青年专家邓德智和傅林放教授、全国知名导游李德煜等。

"导游文化基础知识"深入打造"红色思政＋蓝色科技＋金色技能"的思政教育教学模式，突出职业教育与思政治育、爱国精神传承深度融合，依托全国红色旅游创意策划大赛、全国导游技能大赛等品牌赛事，提升学习者职业技能。课程将融入思政元素的教学资源以 MOOC 形式向社会开放，使优秀文化基因有更大的可供学员终身学习的传播空间。在研究成人学习特点的基础上，改造"SPOC＋直播"数字化翻转课堂，加大课程思政辐射力度与影响深度；综合使用 VR、720° 全景等教学技术，增强学员的沉浸式体验。课程目前累计在线选课逾 2.6 万人，学员单位逾 3600 个，互动约 2.5 万次。学员对网络课堂接受度高，学评教连续名列前茅。

除了在国家级精品课程建设方面不断取得突破之外，导游专业群建设了一批基础扎实的紧密校企合作型课程。通过校企双元组建师资团队，选任具有该领域的理论研究积累以及丰富实践经验的师资，以专任教师与企业经理人集体备课、同台授课的形式，引领教学改革。以导游专业群"旅游产品策划与定制"课程为例，该课程是旅行策划职业技能等级证书对应课程，由8位专兼职教师组成了新型课程团队，根据课程统筹、课程资源建设、证书培训考核、岗课赛证融通实践、在线课程视频拍摄等不同业务视角，分别由专人负责，共同推进课证融合体系建设，经过4年的实践，完成了"1+X"旅行策划职业技能等级证书考试推荐线上学习资源——《旅游产品策划与定制》慕课（已开设6期），以课程模块分工拍摄慕课资源为基础，逐步形成了在线模块式授课的课程协作模式，这一探索在课程团队建设、课程开发、"1+X"证书培训考核等方面形成典型案例。

"旅游产品策划与定制"课程作为"1+X"旅行策划职业技能等级证书"岗课赛证"一体化教学改革的载体，随着该证书试点院校增多，影响力逐渐扩大。2021年3月—2023年4月，受中国旅游协会旅游教育分会委托，课程教学团队共承担了6期全国旅游院校旅行策划职业技能等级证书师资培训的授课任务，来自全国300多所旅游院校的1000多名专任教师参加了培训。在授课过程中，课程教学团队设计的"旅游产品策划与定制"岗课赛证一体化教改模式得到了参训教师的高度认可。

除浙江旅游职业学院作为首倡院校积极践行该模式外，浙江工商大学、上海旅游高等专科学校、安徽职业技术学院、吉林工商学院、安徽机电职业技术学院、山东商务职业学院、湖北生态工程职业技术学院、抚州职业技术学院、武汉船舶职业技术学院、三峡旅游职业技术学院、山东理工职业学院、宁夏工商职业技术学院、河北民族师范学院、广东科学技术职业学院、广东水利电力职业技术学院、广州番禺职业技术学院、湘西民族职业技术学院、新疆应用职业技术学院、新疆供销技师学院、山西省财政税务专科学校、太原旅游职业学院、四川现代职业学院、成都纺织高等专科学校、重庆工业职业技术学院、雅安职业技术学院、辽宁科技大学、厦门海洋职业技术学院、镇江市高等专科学校、安徽财贸职业学院、安庆职业技术学院等院校均积极践行旅游产品设计类课程岗课赛证一体化教改，并取得显著成效。

三、技能比赛开先河

实践教育是职业教育区别于其他类型教育的显著特征，职业技能大赛是实现职业教育培养目标、锻炼学生实践技能的重要途径。导游专业群主动而为，策划并组织实施了模拟真实工作环境、贴近岗位操作技能的系列职业技能大赛。自2007年以来，我校先后成功承办数十项教育部、浙江省教育厅及行业协会主办的各级各类学生技能竞赛，赛事组织赢得了各级主管部门、参赛院校和专家裁判的一致好评，其中多项比赛在全国范围内开先河，引起职业院校的广泛重视。2013年，我校成功举办首届全国职业院校技能大赛"导游服务"赛项，制定相关赛项规程和技术标准，并实现承办三届国赛零投诉。

又如2022年，导游专业群联合云南旅游职业学院、山西省财政税务专科学校、海南经贸职业技术学院、三峡旅游职业技术学院、江苏旅游职业学院、苏州信息职业技术学院举办了"定制你的精彩旅程——旅游产品策划与定制岗课赛证融通七校线上联赛"。院校相关课程专任教师与企业技术顾问紧密合作，专任教师从定制旅游产品的目标市场定位、需求描述、旅游资源开发、策划创意、产品文案写作等方面指导学生，而企业技术顾问则从产品设计与制作实战层面出发，对供应商采购和节点规划、行程编排的可行性、合理性进行细致的指导。为体现岗课赛证融通教改特色，决赛评委全部来自企业，均拥有10年以上定制旅游产品策划实战经验，并在当地行业企业享有较高声望。评委们对比赛作品进行了认真评审、会商，充分肯定了院校参赛团队任务驱动、混合式教学、模块式教学改革的成果。导游专业群在"旅游产品策划与定制"岗课赛证融通教学改革实验班上取得的优异成绩，充分体现了基于岗位技能提升为核心驱动的复合型人才培养模式的优势。

导游专业群持续深化高技能人才培养模式改革，进行"岗课赛证"的一体化设计。"岗"是课程学习的标准，课程设置内容瞄准岗位需求，对接职业标准和工作过程，通过调研，明确专业所对应的职业岗位或岗位群，以岗位为逻辑主线进行工作分析，通过对完成工作任务过程的系统化分析形成的工作项目来设置课程；专业核心课程教材对接主流生产技术，校企合作共同开发，充分体现岗位技能、通用技术等内容，教师团队探索分工协作的模块化教学组织方式。"课"是教学改革的核心，通过课程改革，推动"课堂革命"，适应生源多样化特点，完善以学习者为中心的专业和课程教学评价体系。"赛"是课程教学的高端展示，通过建立健全国家、省、校三级师生比赛机制，提升课程教学水平。"证"是课程学习的行业检验，通过开发、融通多类职业技能鉴定证书、资格证书和等级证书，将职业活动和个人职业生涯发展所需要的综合能力融入证书，拓展学生就业创业本领，缓解结构性就业矛盾。

导游专业群"岗课赛证"融通育人模式将始终致力于从根本上解决长期存在的"学习难以致用""理论和实践脱节""传统教学无法满足社会需求"等问题,真正培养出一大批旅游行业应用型、复合型、创新型的高素质技术技能人才。

第七章

"讲好中国故事、传播中国声音"课程思政建设

课程思政建设的全面推进，为我国高等教育实现高质量发展注入了活力和动力，促进了高校"三全育人"体制机制的完善。导游专业近年来在课程思政建设方面也进行了很多探索，逐步确立了"讲好中国故事、传播中国声音"的课程思政建设目标，在取得长足进步的同时，也收获了一些好的经验和做法，有力提高了人才培养效果，提升了立德树人成效。

第一节 理念与思路："人文铸旅、以魂育人"，培育中华优秀传统文化的传承者与传播者

一、"人文铸旅"的校园文化品牌

当前，"中国服务"已经达到国家战略层面的高度，与"中国制造"一同成为产业振兴和中国腾飞的双翼。多年来，作为文化和旅游部与浙江省人民政府省部共建的公办高等旅游院校，浙江旅游职业学院一直致力于打造"中国品牌"和"中国服务"旅游职业人才培养的摇篮。而打造"中国服务"的中国品牌，培养服务文旅发展、德才兼备的优质人才，最核心的就是要践行文旅融合，厚植人文情怀，提升人文素养。

2020年，浙江旅游职业学院全面启动"人文铸旅"工程，以打造"行业站得高，国内叫得响，国际有影响"的人文教育精品特色工程为建设目标，通过凝聚智力资源，体系化推进人文课程，高质量开展第三课堂，着力培育"中国品牌"和"中国服务"的忠实践行者、最美窗口的展示者。同时，"人文铸旅"工程被纳入学校"双高计划"建设发展整体规划予以实施，已成为浙江旅游职业学院重点打造的立德树人的特色品牌。

图 7-1 学校"人文铸旅"工程 logo

二、"以魂育人"的专业建设使命

始建于 1984 年的导游专业,是全国设立最早的导游专业,现有办学规模和水平稳居全国最前列。专业自开办以来,始终坚持文化为魂,彰显导游人员作为文明传播使者和民间外交大使的重要角色。

进入新时代,专业更是明确了必须坚持用习近平新时代中国特色社会主义思想铸魂育人,以社会主义核心价值观为引领,优化教风学风,繁荣专业文化,培育大学精神,引领社会风尚,推进文化育人创新,增强师生文化自信;努力培养理想信念坚定,德、智、体、美、劳全面发展,具有深厚的爱国情感和中华民族自豪感,一定的科学文化水平,良好的人文素养、职业道德、创新意识,精益求精的工匠精神和较强的就业能力和可持续发展能力的高素质技术技能人才;培养优秀的社会主义建设者和接班人,培养堪当中华民族复兴重任的时代新人。

专业要求将"人文铸旅、以魂育人"理念贯穿于专业教师教育教学中,结合导游专业学生的学情特点,优化课程内容,创新教学方式,完善教学评价,将文化的传授和浸润寓于教师教学全过程,探研行之有效的育人方法,才能使新时代的青年学生在学习中深入理解中华优秀传统文化,提升人文素养与内在涵养。

三、"讲好中国故事、传播中国声音"的课程思政目标

2018 年 8 月,习近平总书记在全国宣传思想工作会议上的重要讲话中指出:"展形象,就是要推进国际传播能力建设,讲好中国故事、传播好中国声音,向世界展现真实、立体、全面的中国,提高国家文化软实力和中华文化影响力。"党的二十大报告进一步明确:"坚守中华文化立场,提炼展示中华文明的精神标识和文化精髓,加快构建中国话语和中国叙事体系,讲好中国故事、传播好中国声音,展现可信、可爱、可敬的中国形象。"

新时代新征程,中国在世界上扮演着越来越重要的角色,软实力成为我国国际地位提升的重要因素。讲好中国故事,讲好中国式现代化的故事,围绕中国式现代化进行话语阐释和叙事传播,既是我们全社会坚定"四个自信"的重要途径,也是我们扩大中华优秀传统文化影响力、促进人类文明交流互鉴的现实要求。

导游专业在讲故事、展形象方面具有独特的优势。可以说，向世界讲好中国故事、传播中国声音是时代赋予导游专业学生的核心使命，这是专业课程思政的最终建设目标，也是打造"课程门门有思政、教师人人讲育人"专业课程体系的根本出发点。

第二节 做法与特色：根植文化自信，推进课程思政多元创新建设

专业是人才培养的基本单元，导游专业在学校办学总体目标定位的基础上明确本专业的育人目标和规格，把育人要求细化到本专业的人才培养方案中，落实到人才培养全过程。在"人文铸旅、以魂育人"理念指引下，专业以文化自信为根，在课程体系（含实践教学）、教学规范、师资队伍、教学条件、质量保障等各环节有机融入本专业所蕴含的思想政治教育元素，同时探索课程思政建设评价机制，努力实现思想政治教育与知识体系教育的有机统一、专业课和思政课的同向同行。

一、加强顶层设计，融入社会主义思想核心要义，构建课程思政新格局

教育部《高等学校课程思政建设指导纲要》（以下简称《纲要》）指出，全面推进课程思政建设，就是要寓价值观引导于知识传授和能力培养之中，帮助学生塑造正确的世界观、人生观、价值观，这是人才培养的题中应有之义，更是必备内容。要紧紧抓住教师队伍"主力军"、课程建设"主战场"、课堂教学"主渠道"，让所有教师、所有课程都承担好育人责任，守好一段渠、种好责任田，使各类课程与思政课程同向同行，将显性教育和隐性教育相统一，形成协同效应，构建全员全过程全方位育人大格局。

学校历来高度重视课程思政工作。2017年，学校印发《2017—2020年人才培养质量提升计划（第三轮英才计划）实施意见》，提出"推动'思政课程'向'课程思政'转变"，学校课程思政建设工作正式启动。2019年，学校党委将课程思政工作纳入"双高"建设工作方案、"三全育人"综合改革工作体系，印发《关于全面推进"课程思政"的实施办法》，提出"全面形成各类各门专业课程与思政政治理论课同向

同行、知识传授与价值引导有机统一的课程育人格局"，学校课程思政建设工作全面实施。2021年，学校党委将课程思政工作纳入学校"十四五"规划，印发《课程思政建设工作方案》，提出"构建校政行企协同开展课程思政建设的体制机制，构建校内课程思政的育人大格局，在全国同类院校中形成引领和示范作用，打造新时代立德树人的示范校"的工作目标，形成6项工作举措、18个工作任务、36条工作内容组成的工作清单，成立学校课程思政教学研究中心，学校课程思政建设工作纵深推进。4年多来，学校课程思政建设成效显著，形成了"规划—落实—反馈"的闭环式课程思政建设制度，校企协同推进课程思政建设的体制机制，党政齐抓、校院两级课程思政建设管理体系，学校"中国服务之美"为内涵的课程思政教学体系已基本完成构建。

学校"人文铸旅"工程正是立足于这一内涵开展顶层设计。在浙江省文化和旅游厅的指导下，成立人文素养教育中心，并邀请了北京大学、浙江大学等全国知名专家组成人文素养教育专家委员会。工程以"高标准谋划、高起点建设、高质量落地"为特点，启动之初便聘任"国学、哲学、艺术、礼仪"四大模块领衔专家，为工程夯实智力基础。同时，学校与浙江省文化和旅游部门下属院校浙江音乐学院、浙江艺术职业学院发起了三校校际联盟，共建平台、共选课程、互认学分，共同探索形成文化和旅游融合的课程共享体系和人才培养机制；与浙江美术馆、浙江交响乐团、浙江京昆艺术中心、浙江演艺集团有限责任公司、杭州"良渚"遗址管理区管委会5家浙江省省级文化单位深度合作，聚焦跨领域、跨专业的复合型、创新型文旅人才培养，在建设专家队伍、实践基地等方面共同打造资源互享、优势互补、共建共享的格局。

学校"人文铸旅"工程的核心内容是"2+4+X"的课程体系。"2"指的是"人文素养概论""旅游职业礼仪"2门全校公共基础必修课；"4"指的是配合学校4个专业群建立"国学、哲学、艺术、美学"四大模块的人文素养课程体系；"X"则是指开放式的人文素养教育平台，是第一课堂的公共选修课程、第二课堂的"人文素养大讲堂"、第三课堂的校园文化活动实践"三大课程"的结合实施，高品质的大讲堂、艺术展演及人文类学科竞赛等活动都是"X"的重要组成部分。通过以文化人、以美育人，培养能践行文旅融合、服务文旅发展的优秀人才。

二、加强元素开发，阐明中华优秀传统文化内涵，打造课程思政新课堂

《纲要》提出，要切实把教育教学作为最基础、最根本的工作，深入挖掘各类课

程和教学方式中蕴含的思想政治教育资源，让学生通过学习，掌握事物发展规律，通晓天下道理，丰富学识，增长见识，塑造品格。导游专业结合自身专业特点，紧紧围绕以爱国主义为核心的民族精神和以改革创新为核心的时代精神，教育引导学生深刻理解中华优秀传统文化中讲仁爱、重民本、守诚信、崇正义、尚和合、求大同的思想精华和时代价值，教育引导学生传承中华文脉，富有中国心、饱含中国情、充满中国味。

课程是课程思政建设的基本载体，是人才培养的最小单元。导游专业通过深入梳理专业课教学内容，结合不同课程特点、思维方法和价值理念，深入挖掘课程思政元素，积极推进课程思政有机融入课堂教学全过程。

一方面，通过全面修订课程标准，将课程思政融入课程目标设计、教学内容优化、教材编审选用、教案课件编写各方面，贯穿于课堂授课、教学研讨、实习实训、毕业设计各环节。另一方面，结合"以学生为中心"的课堂教学创新工作，推进现代信息技术在课程思政教学中的应用，鼓励采用案例式、互动式、探究式教学以及线上线下相结合的教学模式激发学生学习兴趣，引导学生深入思考，从而深化课程思政课堂教学改革。同时，积极打造本专业的课程思政示范课程、优秀案例、校本教材等资源支撑平台，全国高校首个"红色之旅"主题馆、"浙旅院国际教育旅游体验区"AAAA级旅游景区、课程思政主题系列竞赛等环境熏陶平台以及微信公众号、视频号等网络互动平台，更好地推动教育功能、审美功能与社会辐射功能的和谐统一，发挥好环境熏陶、文化体验等重要作用，使文化传承创新贴近校园、走进师生、走向社会。

专业课程思政元素的挖掘既是科学，更是艺术，要求专业教师主观上具有开展课程思政教学的积极意识，客观上具有挖掘课程思政元素的能力。在传承中华优秀传统文化的课程思政新课堂中，导游专业要求专业教师必须明确课程思政教学绝对不是简单添加些许思政元素，而是对课程教学体系中内容、方法等的全面、重新梳理，必须根据导游专业的专业育人要求和教学实际对思政元素有针对性地进行选择和使用。

三、深化协同育人，推进专业内外交流文化互鉴，建设课程思政新团队

全面推进课程思政建设，教师是关键。导游专业全面落实学校《关于加强师德师风建设的实施意见》等重要文件，不断强化教师理想信念教育和师德师风教育，引导

广大教师自觉用坚定的信仰、丰厚的学养、高尚的人格赢得学生尊敬，把社会主义核心价值观融入并体现到为人、为学、为师各方面。

通过师德师风专题讲座和"最美文旅人""最美教师""最美班主任""奖教基金"等评选活动的开展，提高育人意识，切实做到"爱学生、有学问、会传授、做榜样"；通过课程思政专题培训提高教师思政知识素养，增进教师对中国特色社会主义的思想认同、理论认同、情感认同；通过课程思政教学能力提升培训夯实教师教育理论学习机制、授课方法基础，提高课程思政育人水平；通过人人参与的课程思政教学案例、教学微课等竞赛评比及讲座报告等方式，切实推动课程思政教学经验交流研讨常态化，增强教师立德树人的主动性和责任感。

导游专业始终重视课程思政教研团队的建设。重点打造专业教师、思政课教师、企业导师"三位一体"的课程思政教学研究团队，推进专业内外在中华优秀传统文化教育上的交流互鉴，促进具有浙旅院导游专业特色的课程思政建设持续提升。同时，加强专业教研室、教学创新团队、教师工作坊、课程组等基层教学组织的建设，试点组建智慧旅游等虚拟教研室，开展跨学校、跨学院和跨专业的合作，深化协同育人，支持和推进课程思政集体备课、说课、听课等教研活动项目，在专业群教学资源库中建设"课程思政案例库"，分享优秀资源与建设经验，持续发挥课程思政在师德师风建设、课程育人、集体备课团队建设等方面的重要作用。

同时，依靠全国旅游职业教育教学指导委员会旅行服务类专业委员会、全国导游专业群开放式职教联盟，通过师资培训、高端论坛、专业研讨、项目研究等方式凝聚课程思政建设共识，实现资源共建共享，逐步建成集全面覆盖、特色鲜明、相互支撑、示范引领、考核评价于一体的课程思政工作体系。

四、加强评价改革，响应课程思政建设初心使命，树立课程思政新标准

人才培养效果是课程思政建设评价的首要标准。在全面落实立德树人根本任务的要求下，对课程思政效果的评价也不能追求短期效应，不能走入"唯成绩""唯分数"的误区，而是应该始终坚持以课堂教学质量和育人实效为导向，不断推动教师从单纯的知识传播者转变为塑造学生品格、品行的思想引导者。

导游专业根据学校出台的《落实〈深化新时代教育评价改革总体方案〉任务清单》，坚持把师德师风作为第一标准，突出教育教学实绩，强化一线学生工作，坚决

克服重教书轻育人、重科研轻教学等现象。在"学校—院系—课程"三级评价主体的基础上，充分发挥导游专业教学指导委员会等专家组织作用，建立健全多维度的课程思政建设成效考核评价体系，把课程思政建设成效作为"双高计划"导游专业群和课程思政示范课程建设的重要内容。同时，进一步健全课堂教学管理体系和监督检查机制，改进课堂教学过程管理，提高课程思政内涵融入课堂教学的水平，重点考察思政元素在课程中的渗透度、与知识的融合度。把学生参与度、获得感作为检验课程思政实效的核心标准；并将课程思政建设质量、内容、成效等情况纳入教师年度考核指标体系，作为其考核评价、岗位聘用、评优奖励、选拔培训、职称晋升等的重要依据；在教学成果奖、教材奖等各类成果的建设推荐工作中，也进一步突出课程思政要求，加大对课程思政建设优秀成果的支持力度。

导游专业根据课程思政建设要求，树立科学成才观念，进一步优化本专业的人才培养评价体系，努力构建"五育并举"的学生评价机制。通过优化专业人才培养方案，将价值塑造作为重要的检测指标，在课堂教学质量评价指标体系中设置价值塑造观测点，以课程为载体落实德育、体育、美育、劳动教育评价，科学设计课程评价标准和评价方式，从注重"知识评价"向"能力素养评价"拓展，从注重"分数结果评价"向"全过程评价"转变、从注重"单向度评价"向"多向度多元综合评价"提升；全面实施学生毕业证、导游资格证、职业技能等级证书、综合素质学分证"四证制"。

第三节　成效与推广：树立旅游大类课程思政标杆

一、党建引领，立德树人根本任务全面落实

习近平总书记指出："要从党和国家事业发展全局的高度，坚守为党育人、为国育才，把立德树人融入思想道德教育、文化知识教育、社会实践教育各环节。"建设高水平的专业人才培养体系，必须将思想政治工作体系贯通其中，必须抓好课程思政建设，防止和解决好专业教育和思政教育"两张皮"问题。所有专业课程思政元素的挖掘首先应坚持正确的政治方向，确保主流意识形态在专业各门课程中的主导地位，努力将学生个人价值诉求与民族复兴、国家富强、人民幸福的历史使命相结合，以期在传授知识、培养能力的同时对学生的价值观加以正确引领，实现立德树人。

学校专门成立课程思政工作领导小组，建立健全党委统一领导、党政齐抓共管、教务部门牵头抓总、相关部门联动、院系落实推进、自身特色鲜明的课程思政建设工作格局。导游专业所在的旅行服务与管理学院党总支着力构建一体多维、二元融合的"三全育人"体系，即以立德树人为根本任务，"价值引领、技能提升、实践服务、创业创新"等多维育人模式，第一课堂＋第二课堂二元融合的"三全育人"体系。明确课程思政为支部重点工作，依托每个党小组确立课程思政试点课程，开展课程思政"1+1+1"创新活动，即1名教师党员加1名思政教师培育1门课程思政，要求所有党员所有课程全覆盖。同时，深入挖掘提炼各门专业课程所蕴含的思政元素，把思政工作贯穿教育教学全过程，发挥广大教师在课程教学中的育人作用，坚持从为党育人、为国育才的政治高度来强化思想认知，结合学院专业特色，积极营造"三全育人"氛围。

通过正向的党风党性宣传、师德师风评选，引导提升整体教师的治学治教修养。邀请浙江中医药大学马克思主义学院、浙江红船干部学院、浙江省委党校党史党建教研部等相关专家学者开展学习贯彻党的二十大精神专题讲座，推动党的创新理论、方针政策深入普及、入脑入心。创设"铸师魂、立师德、强师能""红旅家园伴我行"等载体，抓实教师、辅导员、班主任三支队伍，构筑"136"育人体系，深入推进"三风建设"重点工作；开展"如何做一名旅院好教师""师德师风教育专题会"等，强化教师使命感；持续开展"红旅家园伴成长"辅导员沙龙活动5期，班主任会议30多次；在2022年学校首届班主任业务能力大赛中，学校教师获得一等奖1名、二等奖2名。

在党建工作融合方面，围绕"e导华夏 聚力先锋"党建文化品牌建设，深入推进"党建＋业务"四融四促工作，坚持"一品四亮"行动。学院党总支与浙江商业职业技术学院电子商务学院党总支、中共梦想小镇网络工程师联合支部委员会、中国移动萧山分公司第二党支部、浙江皓石教育科技有限公司等联合创建高度契合专业人才培养的课程思政实践基地，逐步构建起"党建引领、专思融合、理实合一"的课程思政工作格局。教工党支部成功入围浙江省第二批省级党建工作样板支部创建，获评"2022年省直机关先锋支部"。学院总支部书记领衔的E+创新创业工作坊，2022年共孵化25个大学生创新创业项目，8个项目获得省级及以上荣誉，被《中国旅游报》等主流媒体报道30余次，获得中国国际第八届"互联网＋"大学生创新创业大赛银奖1项（突破性成果）、铜奖1项。

二、线上线下，文化自信育人空间深度拓展

专业积极推进产业文化进校园、企业文化进课堂，通过线上线下多元化的途径，依托"人文铸旅"工程，深度拓展文化自信育人空间，将行业文化和工匠精神有机融入立德树人的全过程，培养学生的劳模精神、劳动精神、工匠精神。

自学校"人文铸旅"工程启动以来，截至 2022 年底，由领衔专家主讲的"人文铸旅"大讲堂系列讲座已开展 20 余场，受众达 5 万余人次；引进浙江省美术馆、浙江省话剧团等单位的高规格文化艺术展演 10 余场，线上线下受众达 8 万余人次。

2020 年底，京昆艺术中心主任翁国生带队在学校遂园演出了《牡丹亭·游园》《孽海记·思凡》等精彩曲目。2021 年，学校和浙江省美术馆共同主办了"伟业铭史，丹青铸魂"庆祝中国共产党成立 100 周年主题教育美术作品展。

学校与浙江音乐学院、浙江艺术职业学院成立的三校联盟，合作开展教学研讨活动、培训活动、教改实践，建立跨校选修课课程库，出台学分互认管理办法，在校际资源共享、优势互补、创新多元化培养途径等领域开展了合作。

2020 年，在校领导的高度重视和深度参与下，导游专业与杭州良渚遗址管理区管委会共同开设了"中国良渚文化"慕课，通过 16 章 48 单元的篇幅和原创的中英双语表达，全方位、多角度解读良渚文化和良渚文明，深入阐释良渚社会及其"玉魂国魄"，目前已有 2.3 万余人点击观看，课程成功入选 2022 年国家职业教育在线精品课程。另一门国家职业教育在线精品课程——"导游文化基础知识"融入本专业"讲好中国故事、传播中国声音"的课程思政目标，依据"增强文化自信、展现中国形象"的高标准，以行企校合作、任务引领、德技并修为路径，深度挖掘文化内涵、美学价值、中华文化等思政元素，形成"红色思政＋蓝色科技＋金色技能"的思政教育教学模式，突出职业教育与思政治育、爱国精神传承深度融合，于 2021 年入选教育部首批课程思政示范课程（继续教育），课程组成员入选教育部课程思政教学名师和教学团队，课程目前累计在线选课逾 2.2 万人，学员单位近 3000 个，互动超 2 万次，以课程为依托的作品在 2021 年全国职业院校教学能力比赛中获得一等奖，并在文化和旅游部 2022 年度全国旅游大类课程思政集体备课会上进行了课程思政教学设计的展示交流。

此外，导游专业群还培育了全国旅游职业教育课程思政教学展示活动示范案例 3 个、省级课程思政示范课程 4 门、校级课程思政精品课程 12 门、校级课程思政教学

创新团队 16 支，校级课程思政研究项目立项 20 项以及初步建成的旅游大类课程思政教学案例库等一批课程思政优秀成果。课程思政工作案例《创新"三证制"学生综合评价制度，做深五育并举人才培养体系》入选浙江省教育厅教育评价改革典型案例。通过"在线学习""浙江旅游职业学院""浙旅院旅行服务与管理学院"等微信公众号对课程思政榜样课程等进行宣传报道，起到了良好的示范辐射作用。

三、融汇德技，社会主义价值认同显著提升

导游专业以中华优秀传统文化为关键内容进行课程思政建设，强化终身学习、终身教育的理念，通过更进一步带动学生积极开展专业学习和社会实践，德技并修，来提升学生的专业学习和发展质量。

以中华优秀传统文化为基础的课程思政建设为导游专业教学带来了新的教学形式和教学手段，丰富了课堂教学和课外实践，也为学生的专业学习和综合发展提供了有利条件。教学团队中的思政课教师在教学过程中针对中华优秀传统文化与专业的结合提供辅助指导，让思政教育和专业教育水乳交融，实现育人目标的统一。

在课堂之外，思政课教师和专业课教师各展所长，比如积极构建校园阅读文化，让中华优秀传统文化学习与课外阅读充分结合，带领学生建立良好的阅读习惯，在阅读中深入了解中华优秀传统文化的真正内涵。学院还积极组织"贤思朗读者""中华经典诵读""我的家乡我代言"等丰富多样的中华优秀传统文化活动，鼓励师生积极参与，激发学生学习的主动性，提升学生对中华优秀传统文化精神内涵和应用实践的认识，让中华优秀传统文化以润物细无声的方式影响学生，通过具体实践推动学生的全面发展。在浙江省第九届大学生中华经典诵读竞赛中，指导学生获得综合组一等奖、二等奖各一项，另获留学生组二等奖 1 项，个人组二等奖 2 项、三等奖 3 项，其中作品《纪念碑》以一等奖（综合排名第二）的成绩入围第三届全国中华经典诵写讲大赛"诵读中国"国赛，并从全国 3415 件复赛作品中脱颖而出，最终获得大学生组优秀奖，取得我校首个该赛事突破性的成绩。

在学校"人文铸旅"工程"2+4+X"课程体系的发展过程中，2021 年，我校教师团队领衔起草制定了《旅游职业教育人文素养课程体系设置指南》，并经浙江省标准化协会正式发布实施，为提高职业教育教学效益与学生人文知识水平提供了依据和指导。在相对固定的"2+4"课程体系中，"人文铸旅"工程着力推进"金课"建设，促

进"跨学科""前沿性"的课程发展，积极建设校级、省级乃至国家人文素养精品课程和教学资源库，已立项省级教学科研项目1项、教学类项目9项。同时，"X"也体现出了其极大的成长发挥空间。

2021年，"X活动"之一"喜迎亚运 礼绽芳华"礼仪展示活动在学校开展，杭州亚组委相关领导与"人文铸旅"工程"礼仪"模块领衔专家共同担任评委。在现场，学生展现了旅游人特有的风貌与气质，以青春的风采向建党100周年献礼。两名学生分别获评杭州亚运会国际文明礼仪大赛"赛事服务礼仪之星"及赛事服务礼仪优秀奖。除此之外，2022年，学校全面启动校内亚运志愿者的选拔工作，共有471人被预录用，将服务于千岛湖小轮车、公路自行车、铁人三项等赛项，以及西湖国际高尔夫球场（决赛）、学校橄榄球训练场馆等。

在以中华优秀传统文化为核心的人文熏陶下，志愿服务使理论真正落地。近年来，G20杭州峰会、上海世界博览会、第十三届全国运动会、第八届全国残疾人运动会、世界互联网大会、第14届FINA世界游泳锦标赛、国际动漫节、世界旅游联盟·湘湖对话等各类社会重大活动中都有专业教师和青年学子的身影。

"X"活动中别具一格的当数"特长+"计划，也就是人文类学科竞赛项目，是在全校范围内选拔培养具有艺术特长或潜质的优秀学生，组织他们参加全国中华经典诵写讲、大学生艺术展演等国家、省级学科竞赛，近年来获得2020年浙江省大学生艺术节戏剧类三等奖，2021年浙江省第九届大学生中华经典诵读竞赛一等奖、二等奖，2022年浙江省大学生艺术节戏剧类一等奖，2022年浙江省高校思政微课大赛特等奖，并在2021年全国第三届中华经典诵写讲大赛获得优秀奖，取得了学校人文类国家A类学科竞赛的突破性成绩。

当然，社会实践不仅限于志愿服务。作为旅游院校，学校在促进共同富裕的道路上一直干在实处。目前已连续14年开展"乡村旅游免费送教下乡（企）"活动，启动"师生助力全省万村景区建设"项目、"微改造、精提升"活动及助力山区26县共同富裕行动，助力浙江省乡村旅游全面提质升级。5年来，5000余名师生对浙江省内的286个村庄提供乡村旅游发展指导，协助94个村庄成功创建省AAA级景区，其中包括全程指导安吉余村创建国家AAAA级旅游景区。

实践证明，多元化的课程思政建设与创新活动对学生社会主义价值认同观的显著提升提供了有效支撑，为中华优秀传统文化的传承者与传播者的培育提供了深厚富足的土壤。

第八章

"双师双能、名师名导"师资队伍打造

教师是立教之本、兴教之源，是职业院校提高教学质量，办好人民满意教育的关键，也是人才培养、科学研究和社会服务的中坚力量，而"双师双能型"教师队伍是高职院校实现内涵式发展的主要力量，是高职院校适应区域经济产业转型升级和提升人才培养质量的有效保证。

伴随国家教育教学改革和职业化教育的推进，高职院校的师资力量与过去相比有了明显提高，但总体上还存在大部分高职学校教师队伍培养机制不够完善、教师职教理念陈旧、教育教学能力不强、教师学历提升学校缺乏政策鼓励、科研水平不高、教师学校内部培训规范和下企业实践锻炼制度不健全、新进的青年教师缺乏进阶式成长机制、缺少老带新相关制度和激励措施等诸多问题，因此，打造一支素质高、技能强的"双师双能型"教师队伍是高职院校提高教学质量和人才培养水平的关键，也是提升整体办学实力和实现高质量内涵式发展的现实需要和客观诉求。

"双师双能型"教师具有产业和教育的双重资质，具备联结产教两端的跨界能力，最能体现职业教育教师专业性、职业性和教育性"三性融合"的鲜明类型特征。通过"双师双能型"教师队伍的建设，广大教师能够将现代职业教育的理念植入头脑中，不断提高自己的专业技术水平和专业实践技能，提高职业教育的教学质量和效果，推动职业教育转型发展。自 1995 年原国家教委发布《关于开展建设示范性职业大学工作的通知》以来，"双师型"教师培养已开始上升为国家政策高度。在策略上，2018年，国务院颁布的《关于全面深化新时代教师队伍建设改革的意见》提出，要全面提升职业院校教师质量，建设一支高素质"双师型"教师队伍。2019 年，国务院颁布的"职教 20 条"中提出多措并举打造"双师型"教师队伍。

2019 年，为落实"职教 20 条"，建设一批引领改革、支撑发展、中国特色、世界水平的高职学校和专业群，带动职业教育持续深化改革，强化内涵建设，实现高质量发展，教育部、财政部联合实施了中国特色高水平高职学校和专业建设计划（以下简称"双高计划"）。《关于实施中国特色高水平高职学校和专业建设计划的意见》中指出，"双高"院校改革发展任务之一是打造高水平"双师"队伍，以"四有"标准打造数量充足、专兼结合、结构合理的高水平双师队伍。同年，教育部出台《深化新时代职业教育"双师型"教师队伍建设改革实施方案》，在教师专业标准、资格准入、考核评价、待遇保障等领域推出 12 项建设与改革举措，职业教育"双师型"教师队伍建设全面加速。2020 年，《职业教育提质培优行动计划（2020—2023 年）》出台，围绕优化质量目标，从师资来源、师资结构、师资数量、教师评价、教师晋升、教师绩效等方面提出实践性的改革要求。2021年，教育部、财政部印发《关于实施职业教育师资素质提高计划（2021—2025年）的通知》，2022年，教育部印发《关于做好职业教育"双师型"教师认定工作的通知》，明确加快推进职业教育"双师型"教师队伍高质量建设，健全教师标准体系，并要求各地于2022年底前展开本年度"双师型"教师认定相关工作。可见，国家对高等职业学校教师队伍建设提出的要求和目标涵盖了师德师风建设、"双师"素质提升、教师教学创新团队建设、开展教师培训、推进博士研究生培养、开展教师企业实践锻炼、提升教师思想政治素质等各个方面，对高等职业教育中培养"双师双能型"教师的政策密集出台且持续发力。

第一节　理念与思路：探索与实践"双师双能、名师名导"师资培养模式

浙江旅游职业学院导游专业群2019年成功入选"双高计划"建设单位。二级学院在学校党委的正确领导下，根据国家、省和学校相关政策要求，结合导游专业群"双高"建设目标与任务，以"名师工程"为引领、以"星光计划"为主体、以"双师"素质提升为核心、以"青蓝工程"为突破，建设"双师型""国际化"师资队伍。充分发挥教师发展中心及青年教师发展促进会作用，组建思政课程、教学创新、创新创业、社会服务等团队及教师工作坊、名导工作室，实现教师个性化发展和师资队伍整体梯队培育，形成一支师德高尚、创新能力强、实践经验丰富、业务能力精湛、数量充足的高素质专业化教师队伍，为引领中国旅游职业教育的新发展提供坚实的师资保障。

一、制定标准，优化"双师双能"教师能力素质与队伍结构

"双师双能型"教师是高职教育对专业课任课教师所提出的一种特殊要求，要求专业课任课教师既要有一定的专业理论知识和专业技术水平，又要有较强的教学科研能力和熟练的专业实践动手能力，简单概括为：专业知识+专业技术，教学能力+实践能力。但"水平、能力"都属于比较抽象的概念，没有具体明确的标准来进行统一鉴定，在实际操作中不是很容易把握，提高了实际操作中的难度。

为了从制度层面规范学校"双师双能型"教师队伍建设的质量，明确"双师双能

型"教师的具体要求、准入条件、绩效考核、奖惩制度等，有效落实制度本身的刚性所在，形成科学、制度规范的"双师双能型"教师队伍的推进局面。2022年，浙江旅游职业学院根据国家相关要求，依据学校自身价值定位与办学特色，出台了《浙江旅游职业学院"双师双能型"教师队伍建设暂行办法（试行）》，确认符合自身发展要求的"双师双能型"教师内涵，设定"双师双能型"教师资格认定条件。另外，针对已经认定为"双师双能型"的教师同样需定期考核评价，保证其始终具备较强的专业技术水平和能力。

二、加强统筹，做好师资队伍培养发展规划

2021年，浙江省教育厅出台印发了《浙江省高等教育"十四五"发展规划》，提出开展教师队伍建设专项行动计划，从"双师型"教师培育培训基地、企业实践基地、技能大师工作室、教学创新团队、选派访问工程师等各个方面主导推动全省职业院校"双师型"师资的队伍建设。并在《浙江省教师队伍建设"十四五"规划》中明确提出职业院校"双师型"教师建设计划；遴选建设50个省级"双师型"教师培育培训基地、100个省级职业院校教师企业实践基地、20个省级技能大师工作室、100个省级教学创新团队；要求"双师型"教师占专业课教师比例中职达到89%、高职达到80%；建设50个中高职教师一体化发展省级示范团队，助推中高职一体化发展；选派1500名高职高专优秀青年教师参加"访问工程师"培养项目。

为落实上述政策要求，学校出台的《浙江旅游职业学院2021—2025年师资队伍建设"星光计划"实施意见》将"双师双能型"教师队伍建设纳入学校整体规划之中，计划到2023年底，建设一支创新能力强、实践经验丰富、业务能力精湛、数量充足的"双师双能型"教师队伍。学校专门成立师资建设委员会，负责全校教师队伍建设的统筹、协调和指导。学校人事处设立教师队伍建设专项资金，以提升全校教师队伍的整体素质及教科研能力。二级学院也成立教师队伍建设工作小组，负责落实学校教师队伍建设具体工作的组织实施，并根据学校实施意见，结合学院实际，制定本学院教师队伍建设实施细则。

同时，以"提高质量、优化结构、体现特色"为主线，以高层次和后备人才为重点，以深化体制机制改革为突破，实施"八大工程"人才培养战略，以达到激发人才活力，增强人才凝聚力，提升人才竞争力，推进学校师资队伍建设的目标。具体包括：

（1）实施"铸魂工程"。坚持师德师风第一标准，把师德表现作为教师资格认定、业绩考核、职称评聘、评优奖励的首要要求，强化教师思想政治素质考察，推动师德师风建设常态化、长效化。将师德师风纳入教师培养培训工作内容，把师德师风作为先进典型评选的首要标准，加大师德师风的宣传，每年组织一次优秀教师表彰、一支"8090"青年教师理论宣讲队伍、一场优秀教师事迹宣讲、一次师德典范影视剧观看、一次青年教师师德主题交流活动的"五个一"活动。

（2）实施"青蓝工程"。以"个性化发展、分类别培养"为核心，对所有新教师实施"入职培训＋顶岗实践＋助讲培养＋专项培育"的套餐式培训，加大对青年教师培训进修的支持力度，大力支持青年教师发展促进会建设，以"青出旅院""青享会"等品牌为载体，开展形式多样的教科研活动。

（3）实施"雄鹰工程"。依据"重点培育、专业引领、反哺行业"相结合的原则，扎实做好现有教授、博士、专业带头人、高层次人才项目培育，对具有高职称、高学历、高素质的优秀教师进行择优选拔、分类培训。

（4）实施"领雁工程"。加大"双高"专业群教师培养力度，积极探索聘请行业中有影响力的专家作为学校专业带头人，形成校内校外专家带头人共同负责专业建设的工作机制。实施"星光团队"建设项目，通过组建和培养教学创新、科研创新等教师团队，培育一批"整体素质高、教科研成果突出、引领示范性强"的团队，培养一批在国内国际有影响力的团队负责人。

（5）实施"双师工程"。开展"双师双能型"教师资格认定工作。依托浙江省旅游产业产教融合联盟、校企师资发展共同体、产业学院等平台，与重点企业合作建设"双师型"教师培养培训基地和大师工作室，进一步加强校地校企合作，推进产教融合。

（6）实施"添翼工程"。以"校企协作、共同发展"为目标，建立企业骨干人才信息库，构建学校与行业、企业互动平台，打通校企人力资源共享的通道，从企业中柔性引进一批具有丰富实践经验和精湛专业技能的技术专家和管理人才。开展"兼职教师导师制"，帮助校内专任教师与来自企业一线的实践课教师互相拜师，开展"一对一"结对互助活动，通过校内教师向校外实践课教师传授教育教学基本知识和经验，提升兼职教师教学能力。

（7）实施"远航工程"。持续深化完善国际化师资培养工程，加快引进培养海外高学历背景的教师。充分利用国家留下基金委等项目实施海外深度访学计划，积极选派教师到国境外高水平大学进行中短期交流学习培训。深入开展国际合作，充分发挥中俄旅游学院、中塞旅游学院等境外办学机构的作用，拓宽人才队伍国际视野。

（8）实施"赋能工程"。以服务教师成长发展为宗旨，加强浙江文化和旅游教师发展中心建设，重点打造教师培训园、研讨交流苑、咨询服务点、教学质量诊改台、"双师"队伍培养体系、教科研资源共享站等教师发展平台，构建分类指导、多元参与、资源共享的运行机制。中心作为教师培训、研讨交流、增值赋能的重要平台，通过开展教学、科研、信息化、课程思政化、"1+X"证书、人文素养提升六大模块的活动，提高教师教育教学质量。

第二节　做法与特色：构建全过程、多维度、多类型教师职业发展路径

一、落实师德建设长效机制

一是加强党对教师队伍建设的全面领导。牢牢把握意识形态工作领导权和主动权，充分发挥各级党组织作用。把坚持党的基本路线作为教学基本要求，构建"课程思政"，推进"三全育人"，引导广大教师争做"四有"好老师。二是将师德师风作为评价教师队伍素质的第一标准。三是从教师入职选聘开始，严把师德关，加强对教师教学活动的日常督导，并将教师思想政治和师德师风表现纳入聘期考核、职称晋升等考核内容，通过师德考核负面清单实行师德考核一票否决制，建立符合新时代特征的高校教师队伍。

二、建设教师教学创新团队

"职教20条"提出，探索组建高水平、结构化教师教学创新团队，多措并举打造"双师型"教师队伍。教师教学创新团队建设成为新时期高等职业教育教学改革和提质培优的核心任务。依据《浙江旅游职业学院2020—2023年教师教学创新团队建设实施意见》，二级学院结合"双高"建设师资素质要求，制定了《浙江旅游职业学院

导游专业群教师教学创新团队建设实施意见（试行）》，按照"服务双高、机制保障、成果导向、分级管理"原则，明确建设目标与建设内容，建立"目标、成果、质量"相结合的动态考核管理机制。

首先，确立建设目标。优化教师队伍结构，推进老中青教师相结合，发挥老教师的传帮带作用，形成分工协作的教师团队建设工作机制。加强青年教师和"双师型"教师培养，推动教师运用先进理念，促进文旅融合应用研究和教学改革与探索，形成良好的师资梯队。搭建教师交流与合作平台，促进教学、科研、社会服务等各方面经验的交流与推广。其次，明确建设内容。以服务专业群内涵建设为方向，以教学能力提升和高层次教学成果突破为重点，推动教学创新团队建设。

（1）专业建设。顺应文旅融合发展趋势，对行业人才需求进行充分调研，研究深化专业人才培养模式改革和专业教学标准研发，探索特色鲜明的人才培养模式；通过校企合作、产教融合，推进人才校政企共育；围绕"职教20条"所强调的职教改革重点，探索"1+X"试点、专业教学标准、现代学徒制试点、不同专业和院校学习成果的转换、校企合作实训基地以及实训模式、实训体系建设等。

（2）课程建设。根据专业发展需要，探索课程标准研发、课程结构改革、课程资源开发、课程平台建设；探索5G时代智慧教学改革和教学方法改进；进行双语课程建设、课程模块化等方面的探索；探索教学资源库建设、开发新形态专业教材等。

（3）教学条件建设。跨部门实训室、实训基地、实训平台、教学管理系统等方面的建设和转型升级。

（4）社会服务。依靠团队智力和技术优势，根据文旅行业发展需要，组织教师广泛开展人才培训、行业标准编制、规划编制、政策咨询、技术服务等社会服务，为促进文旅产业发展发挥智库作用。

（5）校企合作。完善校企协同工作机制，推进专业设置与产业需求对接、课程内容与职业标准对接、教学过程与生产过程对接。增强院校之间的人员交流、研究合作、资源共享，在团队建设、人才培养、教学改革、职业技能等级证书培训考核等方面协同创新。推动院校与企业形成命运共同体，共建校企师资发展共同体，在人员互聘、教师培训、技术创新、资源开发等方面开展全面深度合作，促进"双元"育人，切实提高复合型技术技能人才培养质量。

通过3年建设，现已培育国家级职业教育教师教学创新团队1支、省级教师教学创新团队1支。组建院级"双跨界"专家型教学团队3支、创新创业型教学团队1支、社会服务型教学团队 2 支、教师工作坊 5 个。

三、实施青年教师双培养制

青年教师是学校教育的生力军，是职业教育教学改革持续进行的关键力量。帮助青年教师尽快熟悉、融入岗位，提高专业素养和教学水平，是学校义不容辞的责任。

针对青年教师的特点，校院二级持续实施青年教师助讲制、青年教师分类课题制双培养制度，持续开展"教坛新秀""科研新秀""行业新秀"等人才培养项目。青年教师助讲培养制度以提高职业道德修养、现代教育理论水平和基本教学技能为主要目的，使青年教师在导师的引领下尽快胜任教学科研水平，不断提高教育教学质量。同时，对青年教师助讲期间听课、教案编写、竞赛指导、培训学习、学评教、个人荣誉、课题论文情况各个方面进行全方位考核检验，促使青年教师尽快成长。

四、选拔专业（群）带头人

专业建设是高等职业院校的立足之本，而专业（群）带头人是专业建设的龙头，专业带头人作为高水平专业群建设的领导者、组织者和具体的实施者，对专业群建设的目标定位、课程体系建设、人才培养、科研和社会服务等具有重大关系乃至产生着决定性影响，因此建设并用好一支高水平专业（群）带头人队伍，在提高专业建设和教学水平以及凝聚教师队伍方面起着不可替代的作用。校院二级先后出台《浙江旅游职业学院"专业（群）带头人"培养实施办法》等制度，选拔一批年龄在 45 周岁以下的专业（群）带头人予以重点培养。

在培养形式上，一是按照"选拔是基础，培养为重点"的思路，对专业（群）带头人给予重点培养，在国内外进修学习、学术研讨等方面享有优先权。二是给予专业（群）带头人一定的专业建设经费和教改自主权，并为其创造良好的教学科研工作条件。三是同等情况下，优先支持专业（群）带头人申报科研课题、晋升职称和编写教材。

在工作职责上，明确专业（群）带头人在二级学院领导带领下，负责本专业（群）的整体建设规划，组建专业（群）教学团队，严格把关人才培养目标、教学计划、师资队伍、课程建设、教材建设、实践教学、能力培养、考试机制、就业状况等。负责牵头制订本专业（群）青年教师培养计划，组织教改研究、学术研究。负责牵头本专业（群）对外交流工作，积极参与校企合作和社会服务。

在过程管理上，对选拔出的专业（群）带头人实行严格考核、动态管理制度。每年对专业（群）带头人进行一次考核，结合三年一度的新一轮选拔进行一次复评考核，对表现突出、成绩显著的专业（群）带头人予以续聘，停止招生专业的专业（群）带头人自行解聘，对不能胜任本岗位工作者予以解聘。

按照"分期遴选、分批培养"的原则，目前专业群已选拔校级专业群带头人3名，导游、电子商务、研学旅行管理与服务、智慧景区开发与管理院级专业带头人各1名。

五、培育名师名导

培养一支素质全面的高水平职业院校师资名师，是提高学校办学质量的根本保障。"十三五"期间，学校出台了《浙江旅游职业学院教学名师培养管理办法》，按照"重点培育、专业引领、反哺行业"的原则，对具有高职称、高学历、高素质的优秀教师进行择优选拔培养，造就了一支教学有成果、科研有突破、服务有品牌的名师队伍。

2021年，学校在新一轮"星光计划"中，又相继出台了关于名师培养的系列政策文件，启动新一轮校内教学名师、行业名师、德育名师选拔工作，确定标准条件，通过校院二级遴选，明确职责与绩效考核，着力培育一批"政治立场坚定、教学成果突出、业务技能精湛、社会服务效果好、示范作用强"的教学名师、行业名师及德育名师，成为省级及以上教育教学类、行业服务类、德育类相关人才项目的人才储备。

根据"职教20条"的精神，几年来，二级学院从企业引进了大学本科以上学历、综合素养高、具有丰富行业实践经验的全国名导担任专任教师；出台《浙江旅游职业学院兼职教师管理办法（修订）》，聘请一批来自企业的金牌导游、中高级管理人员担任兼职教师；与杭州市金牌导游联合工作室合作，组建"双师型"教学团队，在教研活动中融合学院和行业特点，理论与实践相结合，在促进专业教育发展的同时也促进了双方人才的能力结合，使教师尽快成长为"双师双能型"教师；按照《行业大师培养管理办法（修订）》（浙旅院人〔2017〕89号），选聘行业企业领军人才共建"技能大师工作室"，指导专业群师生开展实践教学、技术攻关和生产活动；选聘业界高级技术专家担任青年教师，尤其是新进教师的校外实践导师，以师父带徒弟的方式，使青年教师能够及时掌握行业前沿动态和相关技术，提高专业实践能力。

目前，导游专业群拥有国家旅游业青年专家 3 名，文化和旅游部"名导进课堂"师资工程库成员 2 名，教育部课程思政教学团队 1 个、教学名师 7 名，全国旅游行业指导委员会旅行服务专业委员会委员 2 名；浙江省教学名师 2 名，浙江省金牌导游 1 名，浙江省技术能手 1 名，"旅游教育人物"——旅游教育名师 2 名、旅游教育杰出青年教师 1 名；校级教学名师 4 名，校级行业名师 3 名，德育教育名师 1 名；柔性引进行业专家（首席技师）1 名，与杭州市金牌导游工作室联合组建名导工作室。

六、健全教师教育教学培训进修体系

为推进人才强校战略的实施，提升教职工队伍整体素质，2021 年，学校出台了《浙江旅游职业学院教职工培训进修管理办法（修订）》。按照"全面提升、重视实效""重点培养、重视质量""多元发展、重视个性""分级负责、齐抓共管"原则，以提升教师思想政治素质和教学科研能力为目标，以教师发展中心为平台，以领军人才为引领，以青年教师培育为重点，以国际化师资培育为特色，以兼职教师队伍建设为抓手，以师德师风建设为保障，坚持思想素质与业务素质培养并重、理论培训与实践辅导相结合，引导广大教师争做"四有好教师"，建设一支政治素质过硬、业务能力精湛、育人水平高超的高素质专业化创新型教师队伍。

一方面，保底线，实施教师教学能力提升培训计划，并纳入教师年度规定学分要求；抓主线，以"双师工程"为抓手，加强"双师双能型"教师培养，深入实施"铸魂工程""青蓝工程"等八大工程，推进教师分层分类梯次培养体系建设，引导教师积极参与课堂革命。另一方面，定标准，出台培训、绩效、岗位考核等系列管理制度；树标杆，开展德育名师、教学名师、行业名师等名师申报和培养工作；鼓励教师参加学术会议、企业顶岗、国培省培项目、高级研修班等校内外师资培养项目。具体举措包括以下五点。

（1）全面开展新教师岗前培训。每年，由学校领导与教师分享学校办学特色与定位、发展历程及未来发展目标，帮助新教师找准个人定位和自身优势，为学校发展提供助力。同时，邀请校内外专家开设系列专题讲座，如教师职业道德、如何上好一堂课、学生工作从班主任开始、如何提高行业服务技能、安全培训等。通过系统交流培训，对新教师转变角色、有效提升综合素质能力和素养，尽快融入学校工作具有积极意义。

（2）制订教师综合素质提升计划。由学校人事处牵头，以教师实际需求为出发点和落脚点，制订年度教师培训计划，覆盖全校新入职教师、青年教师、骨干教师、校内兼职教师、校外兼职教师，提升全体专兼职教师教科研能力与水平。二级学院则根据行业企业发展趋势、专业发展实际需要，量身定制学院教师培训主题，帮助教师拓宽思路与视野，提高人文素养，丰富专业知识储备。

（3）实施国内"访工访学"项目。导游专业群实施访问工程师计划、技能大师培养计划等人才培养项目，选派教师或主要从事理论教学的教师到企业实践基地、教师企业实践流动站、技能大师工作室、"双师型"名师工作室等机构，重点培养教师的实践操作能力和社会服务水平。

（4）打造学校教师发展中心。学校以教师发展中心为平台，整合校内外教学资源，结合教师教学能力提升、教师发展服务咨询、教师教学创新、教学质量评估、优质教学资源共享、区域交流服务6项中心工作开展校本培训活动，更好地推动全体教师终身学习和专业自主发展，实现教师专业水平和综合能力的整体提升。

（5）提升教师学历学位。实施访问学者计划、博士培养计划、领军人才培养计划等，为教师提供到国内高校访学、出国研修访学、教师培养培训基地进修等机会，以转变教学理念、更新专业知识、优化能力结构为抓手，培育在行业内有权威和话语权的教学名师、首席专家或专业群建设带头人。

七、健全教师绩效考核和激励机制

学校将"双师双能型"教师队伍建设纳入学校整体规划，同时，结合高职教育的内在规律，确立了全方位教师队伍建设的目标定位，以制度建设为保障，使"双师双能型"教师队伍建设工作有章可依、有制可循、规范管理。并在深化产教融合的过程中，不断完善"双师双能型"教师队伍定位，通过体制机制创新，激发"双师双能型"教师队伍发展动力，打造"师德高尚、数量充足、业务精湛、专兼结合、结构合理"的高水平"双师"队伍。具体包括以下五点。

（1）健全业绩导向的薪酬激励机制。从师德师风、教学业绩、科研业绩、社会服务、专业建设、学习培训等多维度客观评价教师工作业绩，调动教师专业发展的内在动力。建立以业绩贡献和能力水平为导向、以目标管理和目标考核为重点的绩效工资动态调整机制，实现多劳多得、优绩优酬。

（2）构建符合学校实际的高层次人才激励机制。对纳入范围的高层次人才，学校可实行年薪制、协议工资制、项目工资制等多种分配办法，以激发高层次人才创新活力，充分调动人才工作积极性。为进一步加强专业建设和师资队伍建设，引聚一批具有国际视野的海内外高层次人才，学校专门设置"特聘专家"岗位，明确了特聘专家职责范围、聘任基本条件、聘任程序、聘期考核、福利待遇等。

（3）创新教师分类培养机制。建立健全教师队伍的终身培训培养机制，系统设计特色鲜明的立体化、定制化分类培养培训体系，针对不同教师的专业发展特点，建立集计划、项目、考核、奖励为一体的教师培训管理机制，提高教师培训的针对性和有效性，提升教师综合素养和岗位胜任力。《浙江旅游职业学院2022年度教师教学能力提升培训计划》就是以教师教育教学发展能力为主体，制定差异化的培训模块，规定不同培训学时，探索适应职业教育发展需求的教师分类培训模式。培训形式上，坚持校内与校外相结合，线上与线下相结合，围绕教育教学发展现状、趋势及学校年度重点工作确定主题，注重培训实效。制定青年助讲培养、骨干教师培训、专业（群）带头人培养、名师名导培养、教师教学创新团队建设等系列制度，大力推进青年教师的专业发展，并配套针对性的评价考核机制，打造渐进可持续的教师发展绿色通道。

（4）建立教学评价与整改机制。探索网络化、全覆盖、联动式的教师教育教学诊断与改进工作机制，对教师们的教育教学行为开展观察评价，构建"督、诊、改"持续改进机制，通过期中教学检查、学院督导听课、推门听课等多种形式，围绕教学质量进行诊断、评价，针对课堂督导与评价结果，与教师进行平等双向沟通和交流，并要求其进行整改，确保教师职业教育教学能力持续提升。

（5）建立教师分类考核机制。注重"双师双能型"教师考核工作，按照学校所制定的任职资格要求，采取动态化管理措施，运用分类考核的方法，严格执行优胜劣汰制度。通过构建前期申请、中期检查、结束总结、过程考核的全方位教师考核机制，推进学校"双师双能型"教师队伍建设。针对"双师双能型"教师应具备的基础理论与专业技能要求，按照专业建设、课程教学、技术研发和社会服务的需要，明确各岗位的职能重点，以其工作内容、工作要求以及岗位职责进行合理的指标设置，将教师教学水平、人才培养成效、技术推广与社会服务等方面贡献，作为"双师双能型"教师考核的主要指标。合理制定符合学校岗位特征需要的分类标准，并通过设置不同权重调节对教师类型的考核侧重点。同时，通过分类标准宣贯，使全体教师熟悉与理解分类的具体要求，并根据自身的发展意愿，选择相应的类型（教学型、科研型、技术技能型），校院二级则针对不同岗位、不同类型的教师，制定具有科学性与合理性的评审方法，对不同类别"双师双能型"教师采用差异化评价方法，出台相应的政策措施，重点强调职称评聘、绩效考核与晋升中的应用型成果，考察教师的实践能力，引领教师规划个人专业发展路径，激发教师内生动力。

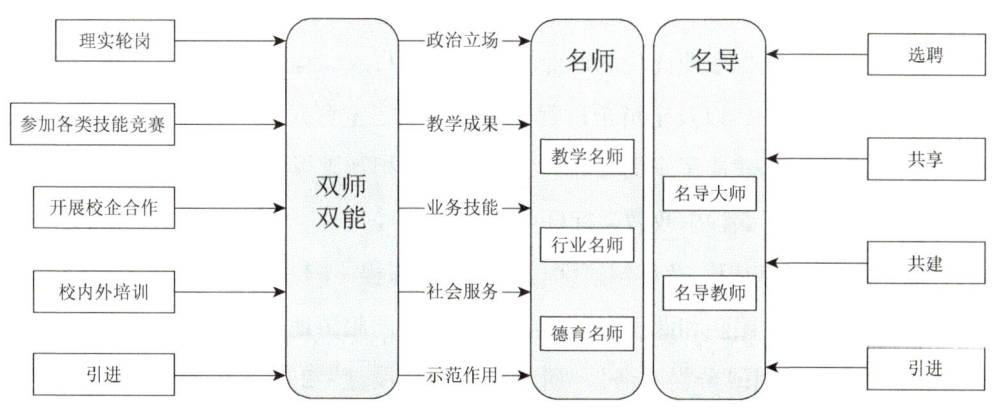

图 8-1 "双师双能、名师名导"师资发展路径

第三节 成效与推广：构建注重个体、强调团队的师资队伍建设体系

浙江旅游职业学院导游专业群高度重视教师队伍建设，采取引进和培养相结合的方式，实施教师绩效考核与职称晋升并轨运行管理机制，激励教师企业顶岗、省培、国培和海外研修，教师综合素养不断提升，教师职称得到晋升，教师队伍稳步增加，结构更加优化。

3年来，师资队伍建设取得丰硕成果：专业群现有专任教师54人，其中硕士及以上学位占比87%，副高以上职称占比48%，"双师双能型"教师比例达90%；新增正高、副高职称教师10人；与行业企业建立校企人才双向流动机制，聘请社会具有影响力的领军人才、技术能手组成的兼职教授、大师团队3人。现拥有国家级职业教育教学创新团队1个、国家级思政教学团队1个、省级职业教育教师教学创新团队1个；省级教学名师2名、省级专业带头人4名，教师获得省部级以上荣誉27项；完成教改课题48项，获得各类专利（著作权）5项；横向课题到款额1204.9万元。

一、师德师风进一步强化

教师专业化发展应该师德为先，进而以德立身、以德立教。导游专业群一贯重视教师思政意识教育，要求在模块化教学中注重"课程思政"，实现思想政治教育与技术技能培养融合，挖掘职业岗位的职业精神元素，写入课程与教学，实现思政课与技术技能培养融合统一，以及全员全过程全方位的"三全育人"。全力推进课程思政教学改革与创新，逐步建成了全面覆盖、特色鲜明、相互支撑的课程思政体系，为全国旅游职业教育树立了课程思政教学标杆。

"导游文化基础知识"获评国家课程思政示范课程（图8-2），授课团队获评教育部首批课程思政教学团队和课程思政教学名师；"中国旅游地理"获评文化和旅游部首批课程思政示范案例；"导游实务""研学旅行课程设计"2门课程入选全国文化艺术职业院校和旅游职业院校课程思政案例（图8-3、8-4）；"中国旅游地理""旅游电子商务""旅游资源调查与评价""导游文化基础知识（高职）""导游文化基础知识（继续教育）"5门课程入选浙江省首批课程思政示范课建设项目（图8-5）；"志合者，不以山海为远"获得浙江省高校思政微课大赛特等奖，获批全国党建工作样板支部1个、省级党建样板支部1个。

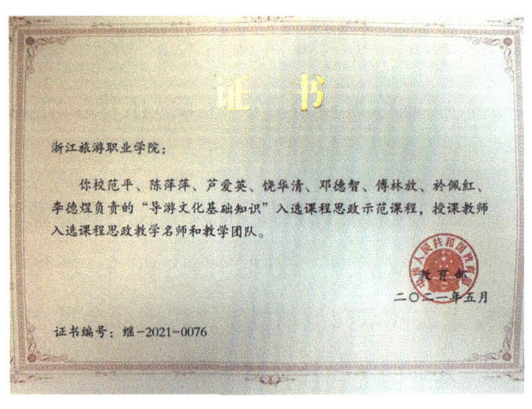

图8-2 国家课程思政示范课程证书

图8-3 文化和旅游部首批课程思政示范案例证书

◎ 第八章 "双师双能、名师名导"师资队伍打造

2021年全国文化艺术职业院校和旅游职业院校"学党史 迎百年"课程思政展示活动旅游类拟入选课程名单
（按课程名称笔画排序）

一、优秀课程（10个）

序号	课程名称	课程负责人	学校	备注
1	中国旅游文化·走好当代文旅人的赶考路	刘颖	浙江旅游职业学院	高职
2	全国导游基础知识·泰山文化解读	李玥瑾	黑龙江建筑职业技术学院	高职
3	导游业务·红色文化资源讲解能力提升	卢凤萍	南京旅游职业学院	高职
4	研学旅行课程设计·课程主题选题方法	池静	浙江旅游职业学院	高职
5	研学旅行策划与管理·百年党旗红 起航新征程	黄志炼	广西国际商务职业技术学院	高职
6	重庆景点讲解服务·传承红色基因 续写"红岩精神"	易丹	重庆市旅游学校	中职
7	旅行社操作实务·用好红色资源 讲好红色故事	兀婷	山西省财政税务专科学校	高职
8	旅游者产生的条件	汪文炯	四川省旅游学校	中职
9	旅游英语·红旗漫卷青年洞	崔辨增	郑州旅游职业学院	高职

二、入选课程（30个）

序号	课程名称	课程负责人	学校	备注
1	十八岁及其他	张思淼	沈阳市旅游学校	中职
2	中国旅游文化·皮影戏教学设计	朱林莉	吉林省经济管理干部学院	高职
3	文化旅游经典诵读·感悟名山文化 涵养家国情怀	瞿立新	无锡科技职业学院	高职
4	全国导游基础知识·红色旅游	彭程	宁夏旅游学校	中职
5	讲解与口才训练·导游讲解训练	廖永麒	四川工商职业技术学院	高职
6	导游业务·中国古代建筑的基本特征和等级观念	王永志	云南国防工业技术学院	高职
7	导游业务·导游人员职业素养	赵亚琼	内蒙古商贸职业学院	高职
8	导游业务·导游讲解常用技法	宋赵榛	广西国际商务职业技术学院	高职
9	导游实务·导游讲解的内涵、要求与原则	孙旭	浙江旅游职业学院	高职
10	导游基础知识·飞檐翘角辨屋顶	范志萍	太原旅游职业学院	高职

图8-4 全国文化艺术职业院校和旅游职业院校课程思政展示活动入选课程

序号	学校名称	课程名称	课程负责人	其他团队主要成员
55	浙江同济科技职业学院	互联网金融信息安全	景秀眉	卢雪峰、李桂香、姚秋艳、金玮佳
56	浙江机电职业技术学院	多轴加工技术	汪荣青	杜红文、高永祥、管明炎、赵传强
57	浙江经济职业技术学院	税费计算申报与筹划	朱丹	吕燕、阚啸啸、尹禹文、王擒婧
58	台州科技职业学院	药学基础	谢庭辉	罗春萍、项丹丹、徐梁
59	浙江机电职业技术学院	液压与气压传动	郁元正	王耀军、徐振前、金杜挺、郭伟强
60	浙江旅游职业学院	中国旅游地理	於佩红	徐慧慧、芦爱英、马强、饶华清
61	浙江旅游职业学院	跨文化交际	李晓红	唐黎卿、周殿军、余雄飞、孙伟
62	浙江经济职业技术学院	供应链管理	张启慧	王自勤、孟庆永、晋国群、姚晓旻
63	浙江金融职业学院	商业银行综合柜台业务	董瑞丽	朱维巍、方宜霞、韩国红、金婧
64	浙江机电职业技术学院	新能源汽车技术	陈宁	张玉龙、卓靖、马林才、马强
65	绍兴职业技术学院	基础护理	朱淑荟	鲁小兰、李默廷、严佳钦、俞姗姗
74	浙江同济科技职业学院	机械设计基础	丁洁瑾	蒋帆、张盈、王云、刘娟
75	浙江旅游职业学院	沟通技巧	娄金霞	张晶、张向东、夏蓓、金之
76	浙江旅游职业学院	旅游电子商务	郭一	叶蔚兰、韦小良、严杰、杨友芳
82	浙江旅游职业学院	茶文化	康保苓	温燕、严慧芬、张春丽、朱晓丽
83	浙江旅游职业学院	旅游资源调查与评价	郎富平	周国忠、陈友军、于丹、陈洁蕾
84	浙江旅游职业学院	导游文化基础知识	范平	陈萍萍、芦爱英、饶华清、齐晨辰
85	浙江金融职业学院	国际结算操作	刘一展	章安平、范越龙、顾捷、杨子江
219	浙江商业职业技术学院	电子商务英语	黄益琴	韩玲、朱有明、诸葛雷、毛艳梅
220	浙江旅游职业学院	导游文化基础知识	范平	陈萍萍、芦爱英、饶华清、邓德智、傅林放、郑佩红、李德煜
221	浙江科学学院	公共关系学	方晓明	伦玉敏、徐华军、薛凡、董小梅、杨孟尧、钭利珍、洪丰

图8-5 浙江省首批课程思政示范课建设项目名单

二、教育教学能力进一步提高

《职业教育提质培优行动计划（2020—2023 年）》明确要求"提升信息化水平，推动信息技术与职业教育教学的深度融合"。导游专业群教师以在线精品课程建设与新形态数字化教材开发为抓手，开展线上线下混合式教学，拓展教育教学空间，激发学生学习兴趣，促进学生利用信息资源进行自主化、泛在化、个性化学习。自"双高"项目建设开展以来，依托景区专业教学资源库和导游专业群共享资源库的双核驱动，建成 2 门国家级精品课程、1 门国家级精品共享课程、1 门国家级课程思政示范课程、5 门省级在线精品课程，培育在线精品课程 12 门、虚拟仿真课程 3 门，立项国家"十三五"规划教材 3 部、省级新形态教材 3 部，《中国旅游地理（第二版）》获全国首届优秀教材奖二等奖。（图 8-6、8-7）

同时，伴随专业升级及数字化改造工作加快，教师教学能力及其教学效果得以显著提升，2021 年"解读中国古典园林"教师团队获得国家级教学能力比赛一等奖（图 8-8）、2020 年"观光导览（Sightseeing in China）"教师团队获得国家级教学能力大赛二等奖；"中国古典园林赏析"等团队获得省级教学能力比赛一等奖 3 项。基于人才培养模式创新建设的"技能迭代、跨界融通：复合型导游人才培养模式的创新与实践"获国家教学成果二等奖。

图 8-6　全国首届优秀教材奖二等奖证书

◎第八章 "双师双能、名师名导"师资队伍打造

图 8-7 国家"十三五"规划教材封面

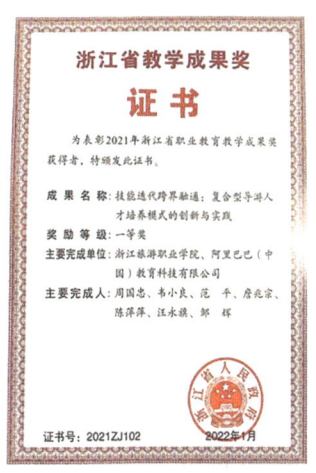

图 8-8 教学能力比赛国赛一等奖证书　　图 8-9 浙江省教学成果一等奖证书

三、科研水平进一步提升

结合文旅行业热点，将科研成果转化为有针对性、具有实操性的政策建议。自2020年以来，《优化乡村旅游运营管理　推进乡村产业现代化》等4篇咨政建言获省委主要领导批示，《中小微旅行社经营状况调研报告》被国务院办公厅综合采用，并获国务院领导批示。学校编制的《浙江省文化基因解码工程解码成果转化利用手册》，在获浙江省哲社课题立项的同时，也为各地市如何转化利用解码成果提供思路与指

导，有效助力全省新时代文化高地建设。

积极参与国家（行业）标准的开发，争做一流标准的"制定者"。依托全国旅游职业教育教学指导委员会秘书处、中国职业技术教育学会智慧旅游专委会、中国旅游研究院旅游标准化研究基地，撰写导游、研学旅行管理与服务、智慧景区开发与管理、定制旅行管理与服务、智慧旅游技术应用5个专业的专业简介，撰写研学旅行管理与服务、定制旅行管理与服务、智慧旅游技术应用3个新专业目录增补方案；牵头制定《景区开发与管理》《智慧景区开发与管理》《智慧旅游技术应用》3个国家专业教学标准；主持制定《研学旅行指导师国家职业技能标准》；主持教育部委托的《定制旅游行业人才供需匹配分析谱系图》课题研制；主持文化和旅游部《旅游类专业学生旅行社实习规范》研制工作；主持浙江省导游专业中高职一体化课程改革项目，探索建立导游中高职一体化专业建设标准体系和动态交流机制，为中国旅游职业教育教学形成一批可借鉴、可复制的职业教学标准及规范。

发挥职业教育引领、支持产业发展作用，为各级政府、行业企业输出各类标准、规范。依托学校10个省级产学研一体的文旅智库平台、校级现代旅行协同创新中心，校企协同，产教融合，合作开展产业相关知识技能的深度创新研究及服务政府部门和行业协会的相关课题研究，出台相关行业标准、企业标准，为区域旅游发展、相关企业提供专业技术支持和治理支持。主持修订《品质旅行社评价规范》浙江省地方标准1项，参与编制《研学旅行课程设计与实施标准》《旅行策划职业技能等级标准》X证书标准2项。主导起草的旅游国际标准《旅游及相关服务—线上线下旅游咨询和接待服务》正式立项。主导制定全国首个非遗旅游资源开发团体标准《非物质文化遗产旅游资源开发指南》（T/ZAS 3019—2022），主持制定的2项国内首创团体标准《无障碍旅游服务机构评价规范饭店》《无障碍旅游服务机构评价规范旅行社》正式发布。《基于红色背景下的乡村旅游振兴提质升级研究》《高职院校创新创业共同体的实践育人价值及其实现研究》成功入选文化和旅游部"旅游职业教育提质培优行动计划"项目。

四、社会服务能力进一步增强

社会服务能力建设是"双高计划"建设项目中的重要内容，主要体现在技术服务、培训服务和文化服务等方面。学院师生团队积极服务全国乡村振兴发展，助力浙江省共同富裕示范区建设，支援中西部和边疆开发与建设，通过对口帮扶、社会培训、承担公益项目等方式促进地区教育和经济发展。

3年来，服务浙江省乡村旅游振兴"百千万"工程的师生团队达42个，"微改造、精提升"工程的师生团队9个，培训乡村旅游从业人员超10 000人次。积极支援中西部和边疆开发与建设，专业群承担了文化和旅游部"春雨工程"志愿服务项目；对口支援中西部院校，先后与青海柴达木职业技术学院、新疆理工学院、新疆职业大学签订帮扶协议，双方开展教师挂职、学生交换、慕课西行，帮助对口支援院校专业建设和师生培养。受文化和旅游部委托，研学旅行管理与服务专业教师团队先后赴广西巴马、内蒙古阿尔山两县开展研学帮扶活动，开发研学专题培训包，培训广西巴马、内蒙古阿尔山、福建永定、山西娄烦等6县行政部门、研学机构、旅行社、景区与博物场馆、乡镇干部等400余人，为当地研学旅游的发展提供智力支持。

以教育部、文化和旅游部"全国职业教育旅游类示范专业点"（导游、景区开发与管理）为主导，以导游国家级"双师型"教师培养培训基地为平台，联合中国职业技术教育学会智慧旅游专委会、中国旅游协会旅游教育分会、全国高等职业教育旅游大类在线开放课程联盟、全国导游专业群开放式职教联盟，共同举办全国、全省旅游职业教育师资班期22期，培训师资1189人，提升了国内旅游职业教育教师整体教学能力与水平，发挥了专业群辐射引领作用。

五、人才培养质量进一步提升

教师作为教学活动的主体，是履行教育职责、培养人才最重要的践行者，是职业教育高质量发展的关键因素，因此师资队伍建设在很大程度上决定了职业院校教学质量的提高。根据金平果2020—2021年高职分专业排行榜，浙江旅游职业学院导游专业在72所院校中5星第一名；根据金平果2021年高职高水平专业群综合竞争力评价，导游专业群等级定位4.67星，位次比定位7.1%；根据金平果2021—2022年高职分专业排行榜，浙江旅游职业学院导游专业在71所院校中5星第一名，导游专业群人才培养质量得以显著提升，学生获省级以上奖项85项，其中，国赛一等奖4项、省赛一等奖31项，国际"互联网+"大学生创新创业大赛银奖1项、铜奖2项。学生毕业后能面向旅游业、"旅游+"新业态的导游服务全产业链实现就业、创业。专业群全日制在校生3385人，学生双证持有率为94.7%，X证书持有率为29.36%，就业率达 98% 以上，毕业生岗位迁移适应度上升到 85.1%、通用能力达成度上升到 92.5%，用人单位满意度 100%，起薪水平逐年稳步上升，真正践行了"技术改变人生、技能成就梦想"的职教新理念和"人人出彩、技能强国"的职业教育新使命。

第九章

"示范引领、标准输出"国际化导游人才培养

教育国际化既是高职院校肩负的使命，更是达成人才培养目标的必然选择。浙江旅游职业学院于 2016 年 6 月入选浙江省国际化特色高校首批建设单位，学校高度重视国际化特色高校建设工作，根据省委办公厅、省政府办公厅《关于做好新时期教育对外开放工作的实施意见》《浙江省教育厅关于实施"浙江省国际化特色高校建设工程"的通知》等文件要求，由党委书记和校长共同担任学校国际化工作领导小组组长，拉高标准、强化责任、明确目标，有重点、分步骤开展了我校国际化特色高校建设工作，共投入建设资金 7421.87 万元，顺利完成了预期设定的建设目标任务并以优异成绩通过验收。学校连续 3 年获得全国高职院校"国际影响力 50 强"；成功创建首批"浙江省国际化特色高校"；获得世界职业院校与技术大学联盟（WFCP）"学生支持服务奖"；获得亚太经济合作组织（APEC）旅游领域研究项目 1 项；2020 年加入世界旅游联盟（WTA）；2021 年加入世界职业院校与技术大学联盟（WFCP）；2021 年加入浙港职业教育联盟并担任联盟理事长单位。

导游专业群作为学校入选国家"双高"建设单位的专业群，在国际化发展方面具有突出的引领与标杆作用。入选"双高"专业群建设单位以来，导游专业群深入学习贯彻习近平总书记关于加快发展职业教育的重要指示精神，实施国际化发展战略，充分依托区域旅游产业发展优势，认真落实建设方案，在深化职业教育国际交流合作上下功夫。一是推广"汉语＋导游职业"模式，高质量实施中外合作办学，多渠道深化"走出去"办学；二是接轨国际行业标准，输出旅游职业教育教学标准；三是学历教育与技能培训齐头并进，全面推动国际旅游人才培养；四是依托行业优势，全方位开展旅游职业教育国际交流与发展。

经过 3 年扎实推进，导游专业群国际化建设发展形成了质的飞跃，虽然其间受到新冠疫情影响，但仍克服种种困难，在导游人才国际化培养的理念思路、模式方法和推广等方面都取得了重大突破，特别在国际旅游组织教育质量认证、双语教学、海外实训和境外办学等方面，获得了突出成效。

第一节 理念与思路："引进＋输出"，形成国际化人才培养思路

"引进"资源方面主要包括与国际组织的合作、参与国际质量认证等。导游专业

第九章 "示范引领、标准输出"国际化导游人才培养

群依托学校国际化发展步伐，率先成为世界旅游联盟（WTA）、世界职业院校与技术大学联盟（WFCP）、亚太旅游协会（PATA）、国际大会及会议协会（ICCA）等多家国际组织的会员单位。"输出"方面主要包括：高度重视学生出国交流学习，大力拓宽渠道，争取选派优秀学生到国外各类院校进行学习、交流，形成了包含交换学习、交流学习、联合培养等多种赴国（境）外学习研修的类型；汇聚院校资源联盟办学，形成了以中俄旅游学院为代表的办学模式；与企业开展国际化的工学合作项目，派遣学生前往中国澳门及俄罗斯、迪拜等地开展实习实训。

联合国世界旅游组织（UNWTO）旅游教育质量认证系统，是针对全世界旅游教育与培训的质量评估系统，致力于评估旅游院校能否在专业领域中为学生提供高标准的专业教育和实践训练，将旅游教育质量提升到更高平台。该认证促使认证专业的人才培养方案不断优化和更新，实现和国际标准的无缝对接，有效提升了学校旅游职业教育的人才培养质量和国际化办学水平。得到此项国际性认证的院校能在第一时间共享世界旅游组织最新的全球旅游资讯，对旅游院校把握全球旅游信息，紧密联系行业，进一步提高办学水平具有积极的作用。通过认证的专业和高校不仅可以成为世界旅游组织教育质量授权合作伙伴，还能与通过认证其他海外院校开展教育、科研等多方面的国际交流与合作。

浙江旅游职业学院是全国第一所通过联合国世界旅游组织（UNWTO）旅游教育质量认证的院校，2019 年，导游等 11 个专业高分通过该组织的复核认证，成为全国通过联合国世界旅游组织旅游教育质量认证专业数最多的高职院校。（图 9-1）

为进一步扩大国际影响力和话语权，导游专业群勇当高职旅游职业教育走向世界舞台的"领头雁"，充分参与国际竞争，充分输出高职教育优质资源，切实提升国际化进程的深度和广度。导游专业群内的导游专业和电子商务专业分别于 2016 年及 2019 年顺利通过联合国世界旅游组织 UNWTO 教育质量认证与复核。为此，导游专业群自 2020 年起将申请 UNWTO-TedQual 教育质量认证工作列为年度重要战略任务，成立了认证工作领导小组和工作组，统筹安排相关工作。在学校党委的大力支持下，上下一心、全员参与，召开了多轮认证工作动员会和讨论会，经过大量的前期资料准备工作，于 12 月正式启动论证程序，向世界旅游组织提交了 2 个项目共计数万字的英文自评报告，主要涉及"学生""课程与教学""员工""管理""全球旅游业道德守则"5 个模块。现场评估通过考察教学设施、与申报专业的师生代表访谈、与毕业生和用人单位交流等形式，对导游、电子商务专业的办学情况和学生综合素质进行了评

估，最终予以高分通过。

图 9-1 UNWTO 认证证书

导游专业群通过 UNWTO 教育质量认证与复核，在接轨国际教育，扩大国际影响力的同时，进一步瞄准国际目标，打造国际竞争力，导游专业群学生 7 次获 GTTP-全球案例研究竞赛一等奖，获国际大赛奖项 71 项，连续 3 年入选全国高等职业院校"国际影响力 50 强"，获评浙江省国际化特色高校。其中，17 导游 7 班高任飞同学获 2018 年 GTTP 国际旅游案例大赛特等奖。

同时，专业群还依托国际平台，提升国际引领力。作为国际标准化组织（ISO）旅游咨询与接待服务工作组中国召集人，正式立项《旅游及其相关服务—线上线下旅游咨询服务与要求》国际标准（标准号：ISO14785），成为首批由中国提出的旅游国际标准提案。

第二节 做法与特色:"语言 + 导游",构建国际化人才培养模式

一、"汉语 + 导游",中俄旅游学院的建设路径

中俄旅游学院是中国高校在俄罗斯举办的首个旅游教育类办学机构,也是浙江旅游职业学院国际化教育输出的重要代表。在此之前,学校与俄罗斯国立旅游与服务大学已有 6 年的合作基础。俄罗斯国立旅游与服务大学是一所拥有 66 年历史的俄罗斯公办旅游类重点大学,培养本科、硕士、博士层次的旅游专业人才,被公认为俄罗斯培养旅游及服务行业人才的重要基地,拥有 8000 余名来自俄罗斯各个地区的学生及外国留学生。我校开设的应用俄语专业,已有 64 名学生赴俄罗斯国立旅游与服务大学开展为期一年的交流学习。

随着俄罗斯旅游业的快速发展和中国赴俄罗斯旅游人数的快速增加,俄罗斯旅游市场中文导游极度缺乏,俄罗斯"世界无国界"旅游协会表示,莫斯科至少缺少 200 名懂中文的导游,旅游旺季更加严重。而随着中国的影响力逐渐扩大,越来越多的俄罗斯人开始学习中国文化和汉语。2017 年,学习汉语的人数已经达到 5.6 万人,其中,39% 汉语学习者在大学学习。2019 年 8 月,俄罗斯将首次在国家统一考试中进行汉语科目的考试,为中文导游培养奠定了重要基础。同时,国家提出"一带一路"倡议为中俄两国旅游、教育领域持续深入合作奠定了更加坚实的基础,中俄双方在文化领域中的合作机制日臻完善,政府部门鼓励条件成熟的高校稳步推进"走出去"境外办学。

为更好地服务国家"一带一路"倡议,同时也为莫斯科旅游市场培养懂中文的俄罗斯导游人才,增强学生的就业竞争力,促进中俄人文交流,由导游专业群承担主要发展建设任务的中俄旅游学院在各方努力下于 2017 年 11 月在莫斯科成立,以"汉语 + 导游职业"为特色的教学模式探索由此开启。中俄旅游学院瞄准"中国旅游教育标准输出、中国职业技能标准输出、中国文化输出" 3 个目标,面向俄罗斯高校招生,同时为俄罗斯旅游从业人员及中国文化爱好者提供汉语教学与旅游专业领域的教育、培训服务,首期招收俄罗斯学生 14 名。至今,中俄旅游学院已累计招收学生 183 名。

图 9-2 中俄旅游学院合作内容

为确保境外办学机构有序运行，学校专门研究出台了《境外办学机构中方院长和教师管理办法》，明确境外办学机构中方院长和教师的选拔与派遣、任期及待遇、管理与考核，为"走出去"办学的可持续发展保驾护航。（图 9-3）

以导游专业群骨干教师为核心的团队，带领中俄旅游学院实现了"中文＋职业教育"人才培养模式的新突破。

关于选派饶华清同志担任第三任中俄旅游学院院长的公示

发布人：王珏　发布部门：人事处　发布日期：2019-03-28 09:24　浏览人数：126

经学院研究决定，选派饶华清同志于2019年9月-2020年6月赴俄罗斯国立旅游与服务大学续任第三任中俄旅游学院院长。

序号	姓名	性别	专业技术职务	职务	所学专业
1	饶华清	女	副教授	旅行社管理系副主任	英语

公示时间为2019年3月28日至4月8日。公示期间如有异议，请向监察审计处反映，联系人：吴盈盈，联系方式：83686945（906945）；邮箱：16568017@qq.com。

人事处
2019年3月28日

图 9-3 导游专业群饶华清老师担任中俄旅游学院第三任院长公示

结合导游专业群建设优势，中俄旅游学院创新教育教学标准体系，构建了"双向衔接式培养"汉语导游人才培养模式（图9-4），实现了导游专业群人才培养模式的多方协同创新与共建共享，制定"旅游汉语""知华课堂——中国文化与概况"两项课程的设置规范标准，输出汉语导游专业课程体系，开设"旅游汉语""知华课堂——中国文化与概况""中国旅游会话""汉语导游讲解""中国游客服务心理学"等课程，采用浙江旅游职业学院导游专业群的专业教学标准，每周双语授课8~12小时。经过在俄罗斯一年的教学，实践后再前往中国浙江旅游学院学习一学期或一学年。中俄旅游学院将旅游汉语教学与导游专业群的专业形成合力输出，培养俄罗斯学生旅游汉语运用能力与旅游职业能力，服务"一带一路"俄罗斯和中国的旅游市场，服务中国游客，促进中俄旅游和文化交流。

图 9-4　汉语导游培养模式路径

2019年，中俄旅游学院"旅游汉语"课程纳入俄罗斯国立旅游与服务大学课程体系。2020年12月，学校牵头省内高职院校共同编制的国内首个《旅游汉语课程设置规范》团体标准经浙江省标准化协会发布（图9-5）。

在构建人类命运共同体理念引导下和"一带一路"倡议框架下，在中俄旅游学院服务"一带一路"地方经济中，导游专业群发挥了积极的专业作用，开展了各类导游服务国际培训项目。2019年以来，助力世界文化遗产谢尔盖耶夫三一教堂的中文解说翻译和语音导览等工作，丰富俄罗斯旅游景区的汉语解说和提升中国游客在俄罗斯的旅游体验；培训中俄旅游学院学生导游服务技能，助力中国文化旅游部莫斯科办事处宣传推广"美丽中国"等旅游推介活动，以专业知识服务俄罗斯游客，获得中国驻莫斯科旅游办事处好评；培训中俄旅游学院学生作为旅游志愿者积极参加第13届莫斯科国际旅游交易会及第六届、第七届中俄旅游论坛等活动，赢得社会的认可。

ICS 03.180
CCS A 18

团　　体　　标　　准

T/ZAS 4007—2020

旅游汉语课程设置规范

Standards for tourism Chinese course design

2020-12-11 发布　　2020-12-11 实施

浙江省标准化协会　发布

图 9–5　旅游汉语课程设置规范团体标准

2021 年 11 月 19 日，随着习近平总书记出席第三次“一带一路”建设座谈会并发表重要讲话，为新时代继续推动共建“一带一路”高质量发展把脉定向，并作出全面部署，“一带一路”建设带动了巨大的建设需求，产生了大量的人才需求，《职教高质量发展意见》中明确提出了“探索‘中文＋职业技能’的国际化发展模式”，在强劲的需求牵引下，浙江旅游职业学院的“中文＋职业技能”项目在“汉语＋导游职业”基础上持续发展，中俄旅游学院作为“中文＋职业技能”国际化发展模式的首个项目，不仅迎来了自身发展新阶段，其成熟的“汉语＋导游职业”发展模式更对后续相关项目的发展起到了重要的示范引领作用，由此，在双方政府和教育主管部门的支持下，浙旅院在塞尔维亚贝尔格莱德建立了以“中文＋烹饪”为教学特色的中塞旅游学院，在意大利帕尔马建立了以“中国烹饪”为教学特色的中意厨艺学院等境外办学机构。

"走出去"办学、"汉语＋文化＋旅游职业"教育教学标准体系、"双向衔接式培养"汉语导游人才培养模式被《中国教育报》、人民网、《浙江教育报》、《钱江晚报》、俄罗斯金砖国家电视台等多家中外媒体报道和关注。成果在2019中俄旅游论坛、2021年中国教育国际交流协会主办的中俄职业教育交流与合作研讨会等多项国际会议上应邀分享。2021年，中俄旅游学院与中国文化和旅游部驻莫斯科旅游办事处联合推出"中国旅游文化周"活动。该活动在当地社交媒体播出后受到了俄罗斯人民的广泛关注。接受中俄旅游学院"汉语＋文化＋旅游职业"教育的俄罗斯毕业生在"一带一路"国家旅游行业得到当地旅游企业的普遍认可与支持。

下一步，中俄旅游学院将继续探索开展学历教育的可行性，研究中国旅游教育标准如何深度融入俄旅大的专业课程，同时，为更多的浙江高校搭建与俄罗斯开展教育文化交流的桥梁和平台，使中俄旅游学院真正成为中国高校在俄罗斯境外办学的一个窗口。具体做法包括以下三项。

（1）谋划差异发展。针对俄罗斯汉语旅游人才匮乏的现状，开发旅游汉语课程资源包，除加强旅游汉语教学外，中俄旅游学院将深入研究中国旅游教育标准、职业技能标准的融入以及中国职业技能证书的引入，真正为俄罗斯培养一批懂汉语的旅游专业人才。

（2）讲好中国故事。中俄旅游学院将以"一带一路"中国文化节为载体，搭建讲好中国故事的平台，通过文化传播向俄罗斯展现真实的、立体的、全方位的中国，主动服务国家"一带一路"倡议。

（3）融入社会力量。中俄旅游学院要实现可持续的良性发展，未来将努力争取企业、社会组织等的大力支持，通过多方合作来推进中俄旅游学院的建设和发展。

二、"双语教学"，国际导游人才培养的重要抓手

双语教学是高校经管专业培养新型国际化人才的重要模式之一，主要是指在学校使用第二种语言或者外语进行各种学科的教学。导游专业群"双语教学"开始于2012年，是专业群国际化发展过程中的重要举措和国际旅游人才培养的重要依托，至今已形成两大类"双语教学"课程，一是以"领队实务（双语）""目的地国家知识（双语）""英语导游讲解"为代表的专业课课程群，二是以"中国良渚文化""游遍亚

运参赛国（地区）"为代表的特色课程群。

"领队实务（双语）"是导游专业群"双语教学"最早探索和实践的课程。"领队业务"是国际导游专业的必修课，要求学生学会在境外、海外带团过程中与海关、边防（移民局）、航空公司、境外酒店、景点／景区、境外（国外）餐厅、海外公民等打交道时具备良好的中英双语沟通能力，熟知出境旅游业务流程，掌握出境旅游团队管理的基本技能，还要掌握境外（国外）突发事件危机处理技巧等。尽管出境游领队在带团过程中的服务对象是中国公民，但是领队工作平台在境外。领队所使用的工作语言为英文或者目的地国家语言，学生只有熟练掌握英语或者目的地国家的语言，才能胜任未来的领队工作。导游专业"领队业务"课程开设中英双语教学以提高学生的英语听说能力，为今后领队工作打下坚实的基础，尽可能使人才培养真正与旅行社企业标准相匹配，实现零距离对接的目标。"双语教学"模式主要经验有以下两点。

第一，创编基于工作过程导向的双语教学教材。导游专业群教师目前已经主编出版的有《领队实务（双语）》《目的地国家知识（双语）》等教材，并均经过了多次再版。

第二，培养打造"双师—双语型"教师队伍。通过专兼结合的方式，打造了一支既有丰富行业经验又有教学能力的双语教学团队，担任相关课程的授课并开展教学研究，取得了较大的教学科研成效。教师培养途径主要有三种：一是将英语教师派送到旅行社企业挂职锻炼或出国进修；二是从旅行社行业聘请有英语学历基础，又在出境游岗位工作的行业名师担任领队专业课的兼职教师；三是从每年录取的新教师中选拔具有较好英语水平的教师先到旅游企业轮训，鼓励英语专业本科和硕士毕业生报考跨学科跨专业学位，继而进行双语课教学的培养。

第三，创新教学形式与方法，增加第二课堂双语教学。通过完善双语教学设计、双语课程框架的构建、双语能力的测量和评价，制定相应对策来解决问题，如适当增加实训课时数，以便加强实训操作、稳固消化教学内容；教师可有针对性地开展教学考核，研究适合不同层次学生的学习考核方式；改进和完善教学方法与手段，采用"任务驱动""案例教学法""工作过程系统化""项目驱动"等符合高职教育特点的教学方法；充分利用现代化教学方式、教学资源库、网络教学平台等网络教学资源，调动学生学习的积极性、主动性，培养学生的独立学习、自我动手能力，从而进一步提高课程教学质量。同时，增加学生的第二课堂学习，如邀请澳大利亚墨尔本威廉·安格里斯学院具有多年领队实战经验的老师给国际导游专业学生举办全英文讲座，邀请

第九章 "示范引领、标准输出"国际化导游人才培养

五星国际旅行社资深领队开展了双语交流演绎领队处理问题的实战经验，同时结合导游专业群"英语角"活动设计相关主题增加学生沉浸式英语学习训练力度。

三、海外实训，提升学生国际化水平的切实手段

一直以来，导游专业为学生提供了各种海外交流、实习及进修的机会，目的地覆盖中国澳门、中国台湾及美国、阿联酋、荷兰、韩国等。2016年至今已为多名优秀学生提供了前往海外学习和实习的机会。

表 9-1 2016—2019 年国际交流学习人数

年份	学生人数（人）
2016	4
2017	2
2018	2
2019	2

同时，积极建设和拓展海外实习实训基地，积极与海外旅游企业合作。每年为学生提供海外实习的机会。目前仅位于阿联酋迪拜的海外实习基地已增加至4家，分别为 MASSBETTER TRAVEL & TOURSIM L.L.C、阿联酋绿晶旅游有限公司、迪拜海外旅行社、迪拜指南针旅行社。每年海外实习的人数如表9-2所示。

表 9-2 2016—2019 年海外实习生人数一览表

年份	学生人数（人）
2016	3
2017	5
2018	24
2019	6

四、国际学术与跨文化活动，更广泛的国际化影响

导游专业群师生积极参与国际学术，承担"若干国家和国际组织职教发展动态跟踪研究"子课题《俄罗斯职业教育动态跟踪研究》，取得《国际导游职业发展研究》

等国际科研学术成果。出版《中国公民出境旅游服务质量解析》《国际导游职业发展研究》等国际旅游研究专著2部。

同时，积极组织、参与各类国际学术会议与论坛，如中俄旅游论坛、国际经济论坛。早在2017年，导游专业群协助学院举办"旅游教育与旅游业可持续发展"国际论坛，进一步推进了现代旅游业可持续发展研究，分享了发达国家旅游研究的新观念、新方法、新趋势。该国际论坛是由美国饭店业协会、世界旅行及旅游合作组织、中国教育国际交流协会倡议，浙江旅游职业学院、美国纽约理工学院、先之教育共同承办的2017首届"旅游教育与旅游业可持续发展"国际论坛。会议邀请到来自联合国教科文组织、世界职教院校联盟、亚太旅游协会、世界旅行及旅游合作组织、美国纽约市酒店协会、加拿大酒店协会等国际组织代表、业界精英、企业总裁，以及包括美国纽约理工学院、美国波特兰州立大学等国内外大学的校长、教授、学者专家等作专题报告和研讨。

2022年，由俄罗斯远东和北极发展部长阿列克谢·切昆科夫、俄罗斯旅游署署长扎琳娜·多古佐娃、哈巴罗夫斯克边疆区州长米哈伊尔·德格蒂亚列夫、哈巴罗夫斯克边疆区参议员安德烈·巴西列夫斯基、中国驻莫斯科旅游办事处主任王睿、莫斯科大学媒体传播学院院长尤里·科特、萨哈林旅游署署长娜塔利娅·帕霍尔科娃、摩尔曼斯克州旅游业联盟董事会主席Oleg Terebein，以及来自俄罗斯莫斯科和远东、中国、白俄罗斯、越南等国家和地区的文化界、学术界、旅游界等专家学者共550余人出席的首届全俄旅游论坛在俄罗斯哈巴罗夫斯克边疆区举行。导游专业群专任教师、中俄旅游学院院长饶华清受邀参加，并在全体会议上在线发表题为《俄罗斯远东旅游对中国游客的吸引力》的主旨演讲，对俄罗斯远东旅游跨境合作提出了四点建议：一是针对俄罗斯远东独特而稀缺的旅游资源，开发堪察加生态和探险旅游、符拉迪沃斯托克疗养休闲旅游、"冰上丝绸之路"水路旅游项目和特色边境旅游等独具地方特色的产品；二是创新海外营销和推广计划，借助微博、抖音、快手短视频等自媒体和目的地营销机构针对俄罗斯远东旅游进行线上和线下推广，全方位展示俄罗斯远东的旅游体验和产品优势；三是加大旅游基础设施的建设和改造，大力吸引外资，加速开发旅游产业集群；四是建立中俄旅游智库等合作平台，培养俄罗斯远东旅游市场所短缺的中文导游和旅游服务人员。

2022年9月16日，应俄罗斯联邦教育部俄罗斯联邦职业教育发展学院邀请，导游专业群教师代表中俄旅游学院参加俄罗斯联邦教育部主办的俄罗斯第十六届教育大会和展览"青年专业人才——人才培养助力经济发展"的国际圆桌会议。俄罗斯工业和贸易部、经济发展部、劳动和社会保障部、教育部代表及国际专家等,阿塞拜疆、哈萨克斯坦、亚美尼亚、乌兹别克斯坦、吉尔吉斯斯坦、白俄罗斯等国企业负责人、专业教育组织代表等1000余人参加了会议。大会在克拉斯诺达尔边疆区索契举行,会议围绕职业教育产教融合和国际合作发展机制拓展经济与教育对话,探讨职业技术教育与培训生态系统在新经济秩序下的发展。

导游专业群积极组织了一系列跨文化活动,包括"我和诗画浙江"浙江省国际学生微视频比赛(图9-6)、"旅管学子看世界"系列报道、师生"每日记单词"活动、"外语角"及其系列活动报道、连续三届"用声音抵达世界"世界旅游文学朗读分享会、"发现我的家乡"旅游写作大赛暨GTTP世界旅游写作大赛选拔赛等,从各个方面扩大了国际跨文化交流和中华文化的宣传推广,促进了学生的国际视野和跨文化工作能力。

由浙江省教育国际交流协会主办、我校承办、导游专业群教师全面参与的"我和诗画浙江"2021年浙江省国际学生微视频比赛共收到48个国家的在浙留学生的88件作品。这些参赛作品涵盖了浙江自然风景、风土人情、文化艺术、民俗节庆、物产美食等诸多特色领域,并从国际学生的视角,用演唱、朗诵、科普、日记等多种形式进行演绎,多角度深度展示了浙江的风土人情,该活动受到了学习强国、中新网新闻客户端等多家主流媒体的报道。

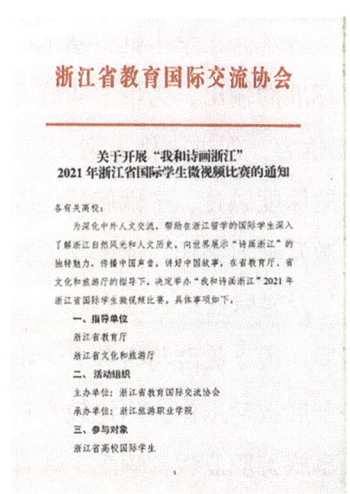

图9-6 "我和诗画浙江"2021年浙江省国际学生微视频比赛通知

"外语角"的特别活动"中英双语亚运课堂"由专业群教师童海洋和正在亚组

委大型活动部火炬传递处挂职的教师李德煜联手加拿大籍外教 Fodil、俄罗斯籍外教 Anton 等共同呈现。该活动采用自愿报名的形式，来自全校不同学院的学生积极报名参加了亚运课堂。整个课堂通过讲解、游戏、教师分享经历、知识拓展、视频连线等形式展开，希望以此培养"人人参与亚运，人人服务亚运，人人奉献亚运"的意识，提升同学们对亚运文化的了解和服务亚运的热情度。外教 Anton 还特别邀请了索契冬奥会工作人员 Saudaa 为学生们分享了奥运会对城市经济、旅游、民生、国际影响力等方面的正面影响。Saudaa 认为服务亚运会有助于同学们开阔视野，接触来自不同国家和文化的人，必将是一段非常独特美妙的人生经历。他鼓励同学们积极参与服务亚运的工作，为办好杭州亚运会做贡献。

第三节 成效与推广："模式 + 文化"，扩大国际化人才培养影响

一、"汉语 + 导游职业"模式探索

中俄旅游学院注重境外办学初期的规范化建设，特色化探索，创新化发展，在教育输出过程中充分融入专业内容和文化元素，不局限于汉语教学，在学生具备基本的汉语能力后再衔接到中国的学习中来。通过中国旅游教育标准的输出，为俄罗斯旅游市场培养懂中文的本土旅游专业人才，增强学生的就业竞争力，促进中俄人文交流。在境外机构办学过程中，为实现汉语国际传播和旅游教育的深度融合，中俄旅游学院积极摸索教学课程模式，开发课程资源，规范教学任务，激发学习兴趣，促进汉语教学到旅游专业教学的稳步过渡，形成了"汉语 + 导游职业"发展模式。

第一，协同推进机构建设和教学模式创新。通过与俄罗斯国立旅游与服务大学携手，推动教育合作，浙旅院每年选派优秀教师团队赴境外开展教学工作，当地教育机构提供办公场所、教学设施，双方共同推进机构建设，共享旅游职业教育理念、教育模式，共建共享教学资源及相关研究成果，共同构建"职教共同体"，实现国际旅游职业人才培育新提升。

一是输出教学管理师资，导游专业群教师饶华清担任中俄旅游学院院长，齐晨辰

◎ 第九章 "示范引领、标准输出"国际化导游人才培养

担任中塞旅游学院专任教师。二是建立产学融合的"双向衔接式培养"人才培养模式，将教学与中国文化旅游部莫斯科办事处"美丽中国"推介、莫斯科国际旅游交易会、中俄旅游论坛等的实践活动结合，经过在俄罗斯一年的教学、实践后再前往中国浙江旅游学院旅游汉语特色班学习一学期。三是积极探索双语双文化的教学模式，设计了循序渐进的教学目标：用英语（或俄语）教授中文—了解中国文化—学习旅游汉语课程—融入俄罗斯旅游文化。学院开设"汉语口语""HSK 二级""中国旅游会话""俄罗斯旅游汉语"等课程，每月开展中国文化与旅游相关主题的汉语角活动，如中国茶文化、中国书法文化，融教学于活动，以活动传播文化，以文化传播旅游。通过中国文化主题活动进一步帮助俄罗斯学生了解中国传统文化和当代中国。四是在管理层输出、教师教学输出、学术文化交流等方面，导游专业教师均积极参与，为本专业的国际化发展赢得了更多的有力支撑。五是创新教学模式，在全球新冠疫情影响下，中俄两校协作创新教学实践，合作开设中俄旅游学院"空中课堂"，进行在线直播授课，克服 5 小时时差和网络不稳定等困难，做到"不停课不停学"；开设"旅游汉语"微信公众号，展示俄罗斯学生学习成果、感想，为学生提供练习中文、导游讲解机会，为教师提供了丰富的授课素材。

第二，全面开展教学资源建设和学术研究。教学资源建设、标准研制等合作取得了一系列成果，为规范境外办学机构教学，浙江旅游职业学院牵头浙江省内 5 所国际化发展水平较高的院校，共同编制了国内首个《旅游汉语课程设置规范》团体标准，得到了俄罗斯国立旅游与服务大学的认可与采纳。2020 年，学校与俄罗斯国立旅游与服务大学共同编写完成的《旅游汉语》新形态双语教材，被纳入俄罗斯国立旅游与服务大学课程体系，同时也为其他领域的汉语教学提供了更多的参考。2019 年，学校邀请俄罗斯职业教育专家参与教育部职业技术教育中心研究所组建的"若干国家和国际组织职教发展动态跟踪研究"课题组，完成《俄罗斯职教发展动态跟踪研究》总报告，推动中国导游职业教育引领的国际化，为"一带一路"国家文化和旅游合作交流增添新亮点。《"中文＋旅游职业"新形态教材建设》获教育部中外语言交流合作中心2021 年度《国际中文教育中文水平等级标准》教学资源建设项目立项。2022 年，通过学习俄罗斯旅游学院办学模式开展"从引进到引领：旅游高职教育国际化办学的探索与实践"项目获得 2021 年浙江省教学成果奖高职教育类特等奖。此外，以中俄旅游学院为基础，导游专业群积极申报世界职业院校与技术大学联盟（WFCP）组织的世界职教卓越奖，展示导游专业群在促进中外旅游职业教育交流和沟通、服务中外经

济文化与学术交流、增进各国友谊等方面取得的杰出成就。

同时，积极开展一系列有影响力的国际文化和旅游交流活动参加第七届中俄旅游论坛，并在会场做了"国际化教育服务的输入与输出——以中俄旅游学院为例"的报告；参加俄罗斯第六届国际经济论坛；开设"诗与远方——诗画浙江"中国文化讲座等。

第三，多渠道提升学生职业技能水平。中俄旅游学院学生在中方教师的指导下，完成了全俄罗斯展览中心 80 个展厅、谢尔盖耶夫镇等地的汉语解说翻译工作，丰富了当地旅游景区汉语解说；同时积极参与中国驻莫斯科旅游办事处的各项旅游推介志愿服务工作，向参会者宣传推广"美丽中国""美丽浙江"，开展"中文＋导游"职业技能实践。中国驻莫斯科旅游办事处专门发来感谢信，感谢中俄旅游学院师生积极参与志愿服务活动，对俄罗斯学生的专业技能和职业素养给予充分肯定。2019 年 10 月，中俄旅游学院承担了浙江省第一届"Excellent Guides"对非国际学生导游培训班，全程提供了课程设计和授课，共有来自 10 多个非洲国家的 42 位学生参加培训；2020 年 8 月，受世界旅游联盟委托，为国际旅游导游联合会乌兹别克斯坦导游论坛提供"中国导游发展现状"在线培训。经过多年积累，中俄旅游学院组织和辅导境外学生参加各类比赛及培训，积极组织"一带一路"沿线 48 个国家留学生参与"我和诗画浙江"微视频比赛、第九届大学生中华经典诵读竞赛等交流活动，举办 2021 年港澳青少年内地游学专题（线上）培训班等，提升专业群的国际化发展水平和国际影响力。

第四，持续推进文化互通互鉴。中俄旅游学院输出社会服务，一方面向俄罗斯学生传播中国传统文化，讲好中国故事；另一方面通过学生向俄罗斯人传播中国旅游文化。以中俄旅游学院境外办学机构为平台，促进"一带一路"人文交流；以中国旅游职业教育为载体，展示当代中国良好形象，让友谊在青年一代传承。通过境外办学机构搭建文化交流平台，开展一系列形式新颖、内容丰富、喜闻乐见的中国文化活动。中俄旅游学院连续多年坚持在莫斯科举办包括中华美食节、中华武术节、中华戏剧节在内的"一带一路"中国文化节，通过中国书法、古诗词诵读、美食、茶艺、剪纸、武术表演等活动，让当地人零距离体验中国文化。2019—2022 年，中俄旅游学院举办了 11 次中国文化与旅游主题活动，如 2019 第二届"一带一路"中国文化节、2020 送福迎新书法比赛、2021 年与中国文化和旅游部驻莫斯科旅游办事处联合推出"中国旅游文化周"活动等，进一步帮助俄罗斯人了解中国传统文化和当代中国，通过文化传播向俄罗斯学生展现真实的、立体的、全方位的中国。

其中 2020 年 10 月，中俄旅游学院学生丽莎代表俄罗斯参加了中国文化和旅游部举办的 2020"天涯共此时"中秋节线上文化周活动，与全世界朋友"云合唱"歌曲《但愿人长久》，用音乐呼唤美好与团圆，传递勇气与希望。另一方面以中国旅游职业教育为载体，积极展示当代中国良好形象。2019 年，导游专业教师随文化和旅游部团组赴赞比亚、津巴布韦开展"美丽中国"旅游推介。2021 年，"欢乐春节"线上项目《牛气冲天——国际友人的中国年味》视频被多国中国文化中心公众号转载，《浙江美食工作坊——中国传统节日点心》系列教学片被中国驻外领事馆采纳并在海外推送。2021 年，我校作为浙港职业教育联盟理事长单位承办了首届浙港职业教育联盟成立大会暨首届浙港职业教育研讨会，联盟旨在促进浙港两地互学互鉴、共同进步，不断提升人才培养质量，努力构建现代职教体系，更好地服务浙港两地经济社会发展。2022 年，学校创办的中塞旅游学院入列全国首批 25 个鲁班工坊运营项目，这是全国旅游类院校唯一通过认定的项目。鲁班工坊由天津首创，是职业教育境外办学的创新举措，服务中国企业"走出去"，为国际产能合作和各国经济社会发展提供高素质技术技能人力资源支撑，成为促进"一带一路"人文交流和民心相通的重要载体。

二、"中文＋职业技能"模式推广

在中俄旅游学院的示范引领下，紧紧围绕培养一批懂汉语、高素质的国际旅游职业人才的目标，学校与境外优秀教育机构院校共建教学资源、共享研究成果，鼓励学生积极投身服务地方经济社会发展，努力提升国际旅游职业人才培育水平，"汉语＋职业"模式不断推广，"走出去"办学实现新突破。

一是扩大境外办学机构辐射面。在政府教育部门的支持下，以中俄旅游学院为范本，学校在"一带一路"国家新建了两家境外办学机构，实现了国际合作对象、项目开展方式内容与学校自身办学定位的高度契合，一是在塞尔维亚贝尔格莱德建立的以"汉语＋烹饪"为教学特色的中塞旅游学院，二是在意大利帕尔马建立的以"中国烹饪"为教学特色的中意厨艺学院。通过与俄罗斯国立旅游与服务大学、贝尔格莱德应用技术学院、意大利阿尔玛厨艺学院等当地优秀合作院校共建，可以规避办学运营风险，实现双方资源共享，促进"职教共同体"构建。

二是拓展旅游教育标准输出。依托中俄旅游学院主导制定国际旅游教育的全国首个团体标准《旅游汉语课程设置规范》的发布和实施，进一步规范了高职国际教育领域旅游汉语课程的设置，助推旅游职业教育"走出去"，并为其他职业领域的汉语教学标准设置提供了参考。2019 年，该项标准得到合作院校俄罗斯国立旅游与服务大学的认可并将《旅游汉语》课程正式纳入该校的课程体系以后，学校据此积极开展了《海外中餐馆标准》《中式烹饪课程设置规范》等标准的编制，准备在适当的时候进行推广，为国际旅游职业教育提供中国标准。

三是强化国际旅游教育学术。在中俄旅游学院依托中俄合作院校共建俄罗斯旅游研究中心，开展教育部《俄罗斯职业教育动态研究》的成功案例基础上，后续建立的中塞旅游学院和中意厨艺学院分别与合作院共建了塞尔维亚文化和旅游研究中心和意大利 ALMA 厨艺培训基地，开展《塞尔维亚饮食文化研究》等课题研究。疫情期间，由意大利米其林大师亲授的烹饪特训班也在线上顺利实施，学校教师克服时差为中塞旅游学院学生开设"空中课堂"。

四是办学模式的推广应用。以中俄旅游学院为代表的浙江旅游职业学院"走出去"办学的相关经验做法受到《中国教育报》《中国旅游报》《江南邮报》《浙江教育报》及人民网、中新网、中国教育网、中国教育在线、浙江省人民政府、浙江新闻、浙江"一带一路"网等媒体报道。境外办学机构成果获浙江省教学成果奖高职教育类特等奖，在金砖国家职业教育联盟大会、中俄职业教育交流与合作研讨会、2020 中国职业教育服务"一带一路"建设论坛等多个全国性、区域性会议上应邀分享。相关建设成果得到俄罗斯国立旅游与服务大学、塞尔维亚贝尔格莱德应用技术学院、意大利米兰品味高级烹饪学院等国际知名院校，南京旅游职业学院、杭州中策职业学校等老牌旅游职业院校的认同，受到意中友好协会、世界厨师联合会、世界中餐业联合会、意大利职业厨师协会、浙江省侨联、浙江省餐饮行业协会、杭州饮服集团、歌诗达邮轮集团（亚洲）、君澜酒店集团等协会及旅游头部企业的普遍认可和支持。中俄旅游学院是第一所由中国和俄罗斯高校合作举办的旅游类学院，受到了很多媒体的关注。

导游专业群将继续聚焦学校打造旅游职业教育的"中国品牌"和"中国服务"，强化窗口意识，加强内涵建设，提高办学质量，以更高的站位、更强的担当、更实的举措，促进"一带一路"国家间的交流互鉴和互融共享，拓展国际化发展的深度和广度，不断推动教育国际合作高质量发展，努力为学校成为浙江省高职院校国际化办学创新和实践的标兵目标作出积极贡献，早日成为"一带一路"沿线国家导游职业教育的领跑者。

附录　浙江旅游职业学院导游专业群标志性成果一览表（2019—2023年）

表1　"人才培养模式"标志性成果

序号	标志性成果	级别
1	《技能迭代 跨界融通：复合性导游人才培养模式创新与实践》获国家教学成果奖高职类二等奖	国家级
2	职业教育（中职、高职、本科一体化）旅游类专业目录组长单位	国家级
3	完成"研学旅行管理与服务""定制旅行管理与服务""智慧旅游技术应用"新专业目录增补方案	国家级
4	"智慧景区开发与管理""智慧旅游技术应用"专业国家教学标准牵头制定单位	国家级
5	参与研制"旅游管理（高职本科）""定制旅行管理与服务""研学旅行管理与服务"专业国家教学标准	国家级
6	牵头编制《研学旅行指导师》国家职业技能标准	国家级
7	研制"定制旅游行业人才供需匹配分析谱系图"	国家级
8	制定《旅游类专业学生旅行社实习规范》	国家级
9	全国职业院校技能大赛（导游服务）一、二等奖4项	国家级
10	全国旅游院校服务技能（导游服务）一等奖4项	国家级
11	中国国际"互联网+"大学生创新创业大赛总决赛职教赛道银奖1项、铜奖2项	国家级
12	浙江省国际"互联网+"大学生创新创业大赛金奖3项	省级
13	"挑战杯"全国大学生课外学术科技作品竞赛获奖5项	省级

表2　"课程教学资源建设"标志性成果

序号	标志性成果	级别
1	智慧景区开发与管理专业国家级教学资源库	国家级
2	国家职业教育在线精品课程4门："导游文化基础知识""中国良渚文化""游遍亚运参赛国""旅游策划"	国家级
3	教育部首批课程思政示范课程"导游文化基础知识"	国家级

续表

序号	标志性成果	级别
4	主持制定"旅行策划"职业技能等级证书	国家级
5	承办首届全国大学生乡村振兴创意大赛研学旅行赛	国家级
6	承办首届全国大学生旅游产品定制大赛	国家级
7	省级精品在线课程1门、省级职业教育在线精品课程4门	省级
8	首批课程思政示范课程5门	省级
9	承办浙江省职业院校技能大赛高职组"导游服务"赛项、浙江省红色旅游线创意策划大赛等赛项4项	省级

表3 "教材与教法改革"标志性成果

序号	标志性成果	级别
1	全国首届优秀教材奖一、二等奖2项	国家级
2	"十三五"职业教育国家规划教材3部	国家级
3	全国职业院校技能大赛教学能力比赛一、二等奖2项	国家级
4	新形态教材3部	省级
5	省高职院校教师教学能力比赛一等奖3项	省级
6	省高职院校"互联网+教学"优秀案例3个	省级
7	省高等学校疫情防疫期间在线教学及实践案例2个	省级

表4 "教师教学创新团队"标志性成果

序号	标志性成果	级别
1	智慧景区开发与管理专业国家级职业教育教师教学创新团队	国家级
2	教育部首批课程思政教学名师和教学团队	国家级
3	全国行业职业教育教学指导委员会和职业院校教学(教育)指导委员会委员2人	国家级
4	教育部"双师型"教师培养培训基地(导游专业)	国家级
5	文化和旅游部优秀专家1人	国家级
6	文化和旅游部提质培优行动计划项目"双师型"师资培养扶持项目1项	国家级
7	中国旅游协会旅游教育分会"旅游教育人物"2名	国家级
8	中国旅游协会妇女旅游委员会"新时代旅游业女性榜样"模范团队	国家级
9	省高校党建工作样板支部1个	省级

◎附录　浙江旅游职业学院导游专业群标志性成果一览表（2019—2023年）

续表

序号	标志性成果	级别
10	省首批职业教育教师教学创新团队（导游专业）	省级
11	首批课程思政示范基层教学组织2个	省级
12	省政协应用型智库成员1名	省级
13	省文化和旅游创新团队4个	省级

表5　"实践教学基地"标志性成果

序号	标志性成果	级别
1	教育部职业教育示范性虚拟仿真实训基地1个	国家级
2	教育部职业教育校企深度合作项目1项	国家级
3	全国旅游职业教育校企深度合作项目1项	国家级
4	产教融合示范基地（"全产业链"现代旅游产业人才培养及技术服务产教融合基地）	省级
5	职业教育示范性虚拟仿真实训基地1个	省级
6	产学合作协同育人项目2项（阿里巴巴、蜗牛集团）	省级
7	产教融合联盟（浙江省旅游产业产教融合联盟）	省级
8	产教融合型试点企业（乌镇旅游股份有限公司）	省级
9	产教融合工程项目（旅游产业"四共互融"实训中心）	省级
10	职业院校产教融合项目（现代旅行生产性实训基地）	省级
11	"红色之旅"主题馆建成开馆	省级
12	中小学生研学实践教育基地（浙旅院国际教育旅游体验区）	省级
13	中小学劳动实践基地（第二批）暨职业体验基地	省级

表6　"技术技能平台"标志性成果

序号	标志性成果	级别
1	参与制定教育部"1+X职业技能等级证书"标准2项	国家级
2	主持制定中国旅行社协会团体标准《研学旅行指导师（中小学）专业标准》	国家级
3	主持制定中国标准化协会团体标准《无障碍旅游服务机构评价规范 旅行社》《无障碍旅游服务机构评价规范 饭店》	国家级
4	主持制定浙江省地方标准《品质旅行社评价规范》	省级

续表

序号	标志性成果	级别
5	主持制定浙江省标准化协会团体标准《旅游职业教育人文素养课程体系设置指南》	省级
6	研发各类专利	省级

表7 "社会服务"标志性成果

序号	标志性成果	级别
1	对口支援青海柴达木职业技术学院、新疆职业大学等5所中西部院校的专业建设、师资培养和教学资源建设	国家级
2	文化和旅游部"广西巴马研学旅游帮扶指导项目"	国家级
3	文化和旅游部"内蒙古阿尔山研学专项扶贫项目"	国家级
4	教育部课程思政示范课程（继续教育类）《导游文化基础知识》	国家级
5	全国导游专业群开放式职教联盟	国家级
6	全国高等职业教育旅游大类在线开放课程联盟	国家级
7	举办全国旅游类师资培训班5期	国家级
8	服务浙江"万村景区化"和"微改造、精提升"工程52项	省级
9	培训乡村旅游从业人员约1.2万人次	省级
10	培训旅游行业员工约14万人（天）	省级

表8 "国际交流与合作"标志性成果

序号	标志性成果	级别
1	《从引进到引领：旅游高职教育国际化办学的探索与实践》获国家级教学成果奖高职类二等奖	国家级
2	教育部《国际中文教育中文水平等级标准》教学资源建设项目	国家级
3	制定《旅游汉语课程设置规范》（T/ZAS 4007—2020）	国家级
4	文化和旅游部2021年度内地与港澳文化和旅游交流重点项目	国家级
5	文化和旅游部莫斯科办事处"美丽中国"国际旅游展中俄旅游学院学生志愿者培训项目	国家级
6	教育部职业技术教育中心研究所课题《若干国家和国际组织职教发展动态跟踪研究》	国家级

续表

序号	标志性成果	级别
7	中塞旅游学院中文导游培训班项目	省级
8	非洲地接导游讲解能力提升培训班项目	省级
9	组织"我和诗画江南"2021年国际学生微视频比赛	省级

参考文献

［1］国务院.国务院关于加快发展旅游业的意见［EB/OL］.（2009-12-03）［2023-04-05］.http://www.gov.cn/zwgk/2009-12/03/content_1479523.htm.

［2］余炳炎.旅游高等专科教育的特色研究及发展方向探讨［J］.旅游学刊,1998（S1）.

［3］刘辛田.我国导游职业定位探讨［J］.广西社会科学,2005（6）.

［4］田喜洲,蒲勇健.导游工作满意度分析与实证测评［J］.旅游学刊,2006（6）.

［5］陈天啸.导游人员职业权益维护及其利益表达［J］.旅游学刊,2006（4）.

［6］王镜,马耀峰.提高导游服务质量的新视角［J］.旅游学刊,2007（3）.

［7］伍兴云,王淑娟,李国庆.影响导游素质的几个因素［N］.中国旅游报,2007-06-25（11）.

［8］张建融,詹兆宗.我国导游从业及薪酬、保障制度研究［M］.北京：中国旅游出版社,2008.

［9］杨卫武.应用型旅游人才培养模式［M］.北京：中国旅游出版社,2009.

［10］毛峰.智慧旅游时代导游服务的转型与发展［J］.湖北经济学院学报（人文社会科学版）,2016（8）.

［11］孙旭.TAFE模式启示下我国高职专业人才培养的创新路径分析——以导游专业为例［J］.长江大学学报,2017（5）.

［12］国家旅游局.导游管理办法［EB/OL］.（2017-10-06）［2023-04-05］.https://zwgk.mct.gov.cn/zfxxgkml/zcfg/bmgz/202012/t20201204_905334.html.

［13］国家旅游局.导游管理办法解读［EB/OL］.（2017-10-06）［2023-04-05］.https://zwgk.mct.gov.cn/zfxxgkml/zcfg/zcjd/202012/t20201213_919232.html.

［14］刘海洋.基于应用型培养目标的旅游管理教学模式探讨［J］.延边大学学报（社会科学版）,2018（1）.

［15］魏小安.第四次旅游革命［J］.旅游学刊,2018（2）.

［16］庄梦兰.浅析高职旅游教育如何为大众旅游产业发展服务［J］.环球市场，2018（13）.

［17］陈昱霖.面向新工业革命的旅游高等职业教育变革研究［J］.中国职业技术教育，2018（14）.

［18］国务院办公厅.国务院办公厅关于促进全域旅游发展的指导意见［EB/OL］.（2018-03-09）［2023-04-05］.http://www.gov.cn/zhengce/content/2018-03/22/content_5276447.htm.

［19］杨勇，程玉.改革开放40年旅游业发展的中国道路及其世界意义［J］.旅游学刊，2019（1）.

［20］赵彤，赵富才，黄业坚.基于学生核心素养发展的混合教学模式与实施路径研究——以高校旅游专业教学为例［J］.中国电化教育，2019（6）.

［21］中国旅游教育协会.中国旅游教育蓝皮书（2019-2020）［M］.北京：中国旅游出版社，2020.

［22］张新民.中国现代高等职业教育的发展分期和问题反思［J］.高教发展与评估，2020（1）.

［23］李金来.困惑与突围：文旅融合的发展模式探析［J］.社会科学家，2020（2）.

［24］胡珑川.研学游情景下的导游讲解技巧探讨［J］.四川省干部函授学院学报，2020（4）.

［25］李新月.新时期旅游高职教育人才培养研究［J］.教育科学，2020（9）.

［26］秦芬.产教深度融合的政策分析与推进策略［J］.教育与职业，2020（15）.

［27］陈胜花.文化产业与旅游产业的融合对高职旅游教育的影响分析［J］.教育教学论坛，2020（24）.

［28］孙旭."3C"背景下的导游职业内涵转变与人才培养创新研究［J］.江苏科技信息，2020（30）.

［29］李新月.旅游高职教育人才培养发展演变研究［D］.上海师范大学，2021.

［30］李海艳，方欣霖，王诗雨.数字化背景下旅游业发展策略研究［J］.经济师，2021（12）.

［31］文化和旅游部."十四五"文化和旅游发展规划［EB/OL］.（2021-04-29）［2023-04-05］.https://zwgk.mct.gov.cn/zfxxgkml/ghjh/202106/t20210602_924956.

html.

［32］国务院.国务院关于印发"十四五"旅游业发展规划的通知［EB/OL］.（2021-12-22）［2023-04-05］.http://www.gov.cn/zhengce/content/2022-01/20/content_5669468.htm.

［33］徐辉，朱倩倩.新版专业目录指导下导游专业内涵变迁与人才培养创新研究［J］.教育与职业，2022（2）.

［34］叶紫青，刘怡君，王鹏飞.大数据促进旅游业高质量发展的作用机制与政策建议［J］.企业经济，2022（8）.

［35］曹留成.多模态数据赋能高职教学的价值意蕴、逻辑主线与支持机制［J］.成人教育，2023，43（3）：68-73.

［36］杜晓伊.高校"双线"混合教学资源配置的优化策略［J/OL］.现代教育管理：1-9［2023-03-31］.DOI：10.16697/j.1674-5485.2023.03.011.

［37］陈永平.技术赋能的高职线上线下教学资源质量维度与运用路径［J］.中国职业技术教育，2022（26）：31-40.

［38］陈永平.技术赋能的高职教学资源：多元化情境、沉浸式体验与多维度质量提升［J］.职教论坛，2022，38（8）：58-66.

［39］方晓波，黄晓婷，马学军，蒋亚辉.打造"共生、共享、共育"的线上教学资源生态体系［J］.人民教育，2022（Z3）：47-49.

［40］曾腾，何山，赵柳婷.全媒体教学资源中台系统的构建与实践——以北京大学推进线上线下同步教学为例［J］.现代教育技术，2022，32（5）：119-126.

［41］张启明，李晓秋，李礼，江涛.职业教育专业教学资源库提质转型与升级策略［J］.中国职业技术教育，2021（17）：25-30.

［42］魏顺平，魏芳芳，宋丽哲.基于职业教育专业教学资源库的高职院校校际合作结构与特点分析［J］.中国职业技术教育，2021（17）：31-40.

［43］张红涛，陈露露，谭联，李正交.虚拟仿真类实验教学资源省际高校共建共享的研究［J］.实验技术与管理，2021，38（5）：26-28.

［44］浙江旅游职业学院.景区开发与管理专业国家教学资源库建设［J］.教育与职业，2020（20）：2.

［45］浙江旅游职业学院.景区开发与管理专业国家级教学资源库勇于担当旅游职业教育的"国家队"角色［J］.教育与职业，2020（21）：116.

［46］浙江旅游职业学院.讲好美丽中国故事 传播美丽中国形象——景区开发与管理专业国家教学资源库课程的地位与作用（一）［J］.教育与职业，2020（22）：2.

［47］浙江旅游职业学院.全面助力"乡村振兴"有效促进景区转型升级——景区开发与管理专业国家教学资源库课程的地位与作用（二）［J］.教育与职业，2020（24）：113.

［48］朱春俐.职业教育专业教学资源库建设的意义价值及路径［J］.职教论坛，2020，36（10）：58-62.

［49］刘志国，刘志峰.高职院校教育教学资源共建共享模式与策略研究［J］.中国职业技术教育，2020（29）：57-61.

［50］赵志群，黄方慧.德国职业教育数字化教学资源的特点及其启示［J］.中国电化教育，2020（10）：73-79.

［51］刘娟，丰云.校企协同建设实践教学资源的共享策略研究［J］.中国职业技术教育，2020（8）：76-80.

［52］刘海波，沈晶，王革思，刘书勇，国强.工程教育视域下的虚拟仿真实验教学资源平台建设［J］.实验技术与管理，2019，36（12）：19-22+35.

［53］罗炳金.国家职业教育专业教学资源库的资源·平台·机制协同探讨［J］.职教论坛，2019（12）：47-51.

［54］满红，余义斌.学生教学资源开发现状及其挑战［J］.教学与管理，2019（30）：88-90.

［55］叶波.融合现代信息技术的教学资源一体化建设探析［J］.中国职业技术教育，2019（14）：93-96.

［56］王德刚.推进文旅融合共创美好未来［N］.中国旅游报，2019-01-11（03）.

［57］裴秋菊.文旅融合引领旅游产业再升级［N］.中国文化报，2019-01-14（01）.

［58］杜兰晓.导游培养如何实现"适应性转型"？［N］.中国旅游报，2022-01-18.

［59］周国忠."互联网＋旅游"时代导游人才培养模式迎变革［N］.中国教育报，2021-06-22.

［60］周国忠.构建导游人才培养新体系［N］.中国旅游报，2021-03-29.

［61］周国忠."后疫情时代"导游人才如何培养——以浙江旅游职业学院导游专业为例［N］.中国教育报，2020-04-17.

［62］韦小良，齐晨辰.浙江旅游职业学院：踔厉奋发正当时 笃行不怠向未来［N］.中国教育报，2022-10-25.

［63］王海涵，王磊.导游要变"主播"？旅游行业"重塑"倒逼人才培养变革［N］.中国青年报，2021-11-08.

［64］范平.基于"三全育人"导向的高职课程生成式教学改革与实践［J］.教育与职业，2020（23）：108-112.

图书在版编目（CIP）数据

数字文旅时代导游人才培养"浙旅模式" / 周国忠主编． -- 北京：旅游教育出版社，2023.10（2024.11重印）

（浙江旅游职业学院"双高计划"建设成果（2019—2023）系列丛书）

ISBN 978-7-5637-4602-6

Ⅰ．①数… Ⅱ．①周… Ⅲ．①导游－人才培养－研究 Ⅳ．①F590.633

中国国家版本馆CIP数据核字(2023)第193137号

浙江旅游职业学院"双高计划"建设成果（2019—2023）系列丛书

数字文旅时代导游人才培养"浙旅模式"

周国忠　主编

策　　划	丁海秀　黄明秋
责任编辑	施云峰
出版单位	旅游教育出版社
地　　址	北京市朝阳区定福庄南里1号
邮　　编	100024
发行电话	（010）65778403　65728372　65767462（传真）
本社网址	www.tepcb.com
E - mail	tepfx@163.com
排版单位	北京旅教文化传播有限公司
印刷单位	唐山玺诚印务有限公司
经销单位	新华书店
开　　本	787毫米×1092毫米　1/16
印　　张	11.25
字　　数	160千字
版　　次	2023年10月第1版
印　　次	2024年11月第2次印刷
定　　价	68.00元

（图书如有装订差错请与发行部联系）